协同共生
SYNERGETIC SYMBIOSIS
治理体系现代化　校本实践

黄成凤　主编

四川大学出版社

图书在版编目（CIP）数据

协同共生：治理体系现代化校本实践 / 黄成凤主编. — 成都：四川大学出版社，2023.3
ISBN 978-7-5690-5567-2

Ⅰ.①协… Ⅱ.①黄… Ⅲ.①小学－学校管理－研究 Ⅳ.① G627

中国版本图书馆CIP数据核字（2022）第251140号

书　　名：协同共生——治理体系现代化校本实践
　　　　　Xietong Gongsheng——Zhili Tixi Xiandaihua Xiaoben Shijian
主　　编：黄成凤

选题策划：曾　鑫
责任编辑：曾　鑫
责任校对：孙滨蓉
装帧设计：墨创文化
责任印制：王　炜

出版发行：四川大学出版社有限责任公司
　　地址：成都市一环路南一段24号（610065）
　　电话：（028）85408311（发行部）、85400276（总编室）
　　电子邮箱：scupress@vip.163.com
　　网址：https://press.scu.edu.cn
印前制作：四川胜翔数码印务设计有限公司
印刷装订：成都新恒川印务有限公司

成品尺寸：170 mm×240 mm
印　　张：13.25
字　　数：229千字

版　　次：2023年3月 第1版
印　　次：2023年3月 第1次印刷
定　　价：59.00元

本社图书如有印装质量问题，请联系发行部调换

版权所有 ◆ 侵权必究

扫码查看数字版

四川大学出版社
微信公众号

编委会

主 任
黄成凤

副主任
郭 根 杨 苗 周 勇

编 委
李素英 廖 芳 王 平
黄蓓蓓 贾 冬 张 露
刘超男 文 萍 黄 杨
杨薇颐 余小莉 柴顾英
许 艳 谢 颖

序 言

多年前受邀到黄成凤校长所在的学校指导学校文化和课题研究工作，也因此与这位睿智而实干的校长结缘。在那时，她就给了我很好的印象。在大家的眼中她是一位有思想、有情怀的校长，20余年校长经历，勤勤恳恳，扎根一线。后来，偶然看到她在武侯区教育局的支持下，成立了名校长工作室，也发现有不少武侯区内学校的副校长和中层参与其中，知道她在用这种方式影响带动一批准校长。

今天，又受黄成凤校长之托，为她的名校长工作室及所在学校办学成果专著作序。翻开书稿，首先是迎面而来的创新创意，以"协同共生"为视角研究学校治理体系的现代化，从题旨上看可谓有捷足先登之势。"协同治理"的实践与学术探讨在国内兴起比较晚，尤其在教育领域研究"协同治理"的还不多。

在我国全面推进国家和社会治理体系现代化的背景下，学校教育改革呈现出系统性、协同性、多元性等特征，基于协同治理的视角，通过共建共享与协同创新推进学校的变革成为一条不错的道路。2019年6月，中共中央、国务院印发《中共中央国务院关于深化教育教学改革全面提高义务教育质量的意见》，这是党的十九大后党中央印发的一个聚焦于基础教育阶段教学改革的重要文件，其中明确强调教育的根本任务是立德树人，坚持"五育并举"，全面发展素质教育，培养德智体美劳全面发展的社会主义建设者和接班人，要深化课程育人、文化育人、活动育人、实践育人、管理育人、协同育人。党的十九届五中全会也明确提出建设高质量教育体系，"健全学校家庭社会协同育人机制"。

这里所说的协同治理，是在治理理论的基础上强调多元主体的协同性，以发挥多元主体的协同效应，促进多元主体间的互动交流，避免多元主体的责任分散。现代学校治理机制建构是多主体参与的合作管理、共同管理、共同治理，通过协同治理的路径，变"单治"为"共治"，最终实现学校教育改革效益最大化的目标。

武侯区作为成都"5+2"主城区之一，拥有丰厚的文化底蕴和产业资源，吸引了大量人员来此学习、创业、务工等。但大量人员的涌入也给区内的公共资源带来了挑战，特别是教育方面，随着社会对优质教育需求的不断提升，传统的政府"全面管理"学校的模式已无法满足现代学校的发展。学校办学缺乏活力、教师专业发展缺乏动力，"管办评不分"制约着武侯区教育的进一步发展。

如何破解区域教育发展中的"人权""事权"和"财权"难题，确保公立学校教师的数量和质量，成为武侯区教育改革面临的最大挑战。

教育困境是对教育行政部门的挑战，同时也是给教育改革者的机遇。武侯区自2014年起在新建公办中小学（幼儿园）实行了"两自一包"试点学校管理体制改革，通过"自主管理、自主招聘、经费包干"破解"人权""事权"和"财权"的困局。

"两自一包"改革是一项具有突破意义的重大政策创新，有效破解了公办学校的人事壁垒，促使学校建立起适应形势的现代学校治理机制。这一实践创新不仅为成都市探索出突破编制掣肘的道路，及探索汇聚的教育管办评分离创新实践成果，也为全国其他省市乃至国家层面的教育整体改革贡献了可贵的实践经验。

在"两自一包"改革的背景下，黄成凤担任校长的成都市龙江路小学中粮祥云分校总结出协同治理的"5411模式"，通过"五会议事"决策制度，确定协同治理的权力结构；实施"四项参与"的激励机制，构建人人参与的协同行为；采取"一公一评"监督反馈机制，确保协同治理的民主监督。而这本书系统全面地反映了一所公办学校如何推进"两自一包"改革实践，进而创生出"协同共生"的现代学校治理机制。细读全书,感慨颇多。

全书结构布局宽而不泛,行文论述详略当得。全书分三章,包含了"问道协同治理建构之基""创生协同治理实践之策""彰显协同治理创新之力",将治理体系现代化校本实践的方方面面尽收笔下,将学校参与"两自一包"改革实践的相关历程阐述得淋漓尽致。

全书编撰思维前卫清晰,实操价值显而易见。无论是"厘清治理体系建设方向",抑或是"确立治理体系设计依据"的章节撰写,无不透露出编著者思想的前瞻。为了提供实操样板,书中还提供不少具体案例、制度文献,这些源于实践,精准提炼的内容,不仅有较强的针对性,还具有较高的实用性和传播性。

这本书中的研究成果是值得推崇的,因为这些成果都指向了治理体系现代化校本实践的关键内容,生动地诠释了以"协同共生"为理念,全面推进"两自一包"改革的鲜活样态,为现代学校治理机制改革创新提供了有效借鉴。

是为序,以兹共勉。

中国教育科学研究院副院长 陈如平

前 言

成都又称为"锦官城""蓉城",自古就享有"天府之国"的美誉,是古蜀文明发祥地。因武侯祠得名的成都市武侯区,地处成都市西南,有着深厚的文化底蕴。作为成都的"老五城"之一,近年来随着城镇化的快速推进,外来人口数量逐年增多,教育需求快速增长,人们对教育平等和优质教育的需求与教育现状的矛盾日益凸显。

成都市龙江路小学中粮祥云分校(简称龙小祥云)始建于2013年7月,是一所传统管理体制下的新建校,学校原有的制度给学校发展带来了三大瓶颈:一是学校办学自主权受限。学校虽在2016年成为成都市现代学校制度试点校,但在落实学校管理自主权、教师聘用自主权、经费使用上有诸多限制,建设现代学校制度步履维艰。二是教师认同度和行动力不足。教师平均年龄30岁,90后占绝对主力,平均教龄不足5年,教师队伍经验少、流动性强、管理难度大。三是家校矛盾突出。改革之前学校作为一所新建不到5年的学校,与集团校的高起点,以及国际社区家长对于优质教育的期待形成了较大矛盾。学校迫切需要在较短的时间内通过"协同治理"机制的构建,完成办学品质的全面提升。

面对协同治理时代的全面到来,学校依据武侯区委、区政府《关于在我区现有公办学校深化"两自一包"管理体制改革试点的通知》(武委办发[2018]17号)文件精神和学校办学章程,开始申请并筹备实施"两自一包"改革,2018年9月,正式成为武侯区"两自一包"改革试点学校,为学校创新发展带来了前所未有的机遇。回顾学校改革推进的历程,就是学校制度文化"螺旋式"形成的过程,可以说是实现了很多的"从无到有"。

作为首批实施"两自一包"改革试点的传统学校，龙小祥云一直在开放与谨慎并存的理念中探索着一条"协同治理"机制，强调在政府的支持下，以学校为主导，多方协同、合作竞争，协调和均衡不同主体之间的利益，以实现共同目标的良性治理模式。

党建引领，把控教育治理现代化总方向

坚持和加强党对学校教育事业的全面领导是我国教育事业保持正确发展方向的根本性保证，也是学校实现治理现代化的根本性保障，决定着学校发展的总体方向和治理大局。我国教育领域实现综合改革的根本目标和追求就是推进教育治理体系和治理能力现代化。要实现教育治理现代化，就必须加强党建引领，切实促进学校以立德树人为根本任务，积极推进学校治理体系建设。

一流的学校需要一流的党建，一流的党建引领一流的学校。作为一所传统公办学校，学校党支部以习近平新时代中国特色社会主义思想和党的十九大精神为统领，紧紧抓住"两自一包"改革的重要契机，积极探索现代学校制度改革实践，完善"协同治理机制"。在"立足五育并举，促进立德树人"的理念下，先后荣获全国"党建研究与管理实践基地学校"、武侯区"党员示范单位"、武侯区中小学党建标准化建设示范学校，成都市党建标准化示范校。

协同育人，构建现代学校制度新局面

学校是传承文化、培养人才的重要阵地，家庭是人成长、生存的首要园地，社会是人谋生发展、相互交往的基本环境，三者构成促进人全面发展的基础链环。党和国家高度重视学校家庭社会三方的协同育人工作，《中华人民共和国家庭教育促进法》提出要"建立健全家庭学校社会协同育人机制"，把协同育人嵌入到学校治理中，为协同治理提供了有效的制度保障，既助于提高社会、家庭在教育治理中的参与度，也增强了学校治理的回应性、透明度和公平度。

作为协同育人的三个不同主体，现代学校制度要求构建学校、家庭和社会之间的新型关系：家庭教育贯穿始终、融于生活；学校教育分阶段培养、专业性强；社会教育散点支持、丰富多样。在推动家校共育，提升家庭教育水平上，龙小祥云进行了创新设计，成立家长学校，开设特色家庭教育课程，成立了"祥云好家长研修班"，通过研修的方式培训更多优秀的学生家长。在校社协调联动方面，2021年9月，学校召开了校社联防联控工作会，通过了《社校联防联控工作方案》，建立起学校、社区、街道、派出所、食药监所等部门单位共同协调处置机制，进一步加强安全监管力度，社校关系更加融洽。对于学校自身来说，龙小祥云以学校章程为核心，建构管理框架体系，总结出协同治理的"5411模式"即"五会议事""四项参与"和"一公一评"，根据现代学校制度建设要求，全方位考虑学校各治理主体的权利和义务，充分体现民主性和公开性，确保各项决策和实施的合法性与有效性。

简政放权，助力"两自一包"有效落地

依法治校的核心和关键在于政府简政放权，扩大学校办学自主权。协同治理是在治理理论的基础上强调多元主体的协同性。建构现代学校治理体系必须协调各要素之间的关系，划分权力，确保治理主体之间相互制衡与监督，推动治理主体由"单治"向"共治"转变。

武侯区教育局在"两自一包"改革模式下，将人事、财经、评价实权等下放给了学校。无论是"自主招聘"还是"经费包干"都改变了传统中"公招"教师和"人员经费和公用经费"使用固有政策模式，实行"自主管理"。龙小祥云作为武侯区首批"两自一包"改革试点学校，在实践中强调"三权下放"，即推行"教师自聘"，破解"人权"困局；推行"管理自主"，破解"事权"困局；推行"经费包干"，破解"财权"困局。在构建协同治理新模式，实现教育高质量发展的进程中，学校坚持党支部主导引领，按照"学校统筹、社会支持、行政主导、教师主体、学生动员、家长参与"模式，整合资源、多元共担，调动各方力量支持。借力"两自一包"办学体制综合改革，不断激发活力，办学综合水平提升迅速，已被评为"中国现代化教育技术人工智能实验基地学校""全国党建研究与管理的创新实践基地学校""教育部清华大学项目——清华附小网校""成都市现代学校制度建设试点学校""成都市优秀少先队集体""成都市文明校园""成都市阳光体育示范校""武侯区党员示范单位""武侯区未来学校试点校""武侯区数字校园试点校"等。

目 录

▶ **第一章 问道协同治理建构之基** …………………… 001

第一节 厘清治理体系建设方向 …………………… 003
第二节 探索治理体系创新条件 …………………… 012
第三节 确立治理体系设计依据 …………………… 020

▶ **第二章 创生协同治理实践之策** …………………… 031

第一节 践行改革观念，实施顶层设计 …………… 033
第二节 树立目标意识，锚定构建方向 …………… 044

第三节　疏解价值冲突，协调多元主体…………………061

第四节　释放持续动力，解构内在逻辑…………………067

第五节　健全科学评价，创新监督反馈…………………078

第三章　彰显协同治理创新之力……………… 089

第一节　课程协同建构……………………………………091

第二节　学科协同融合……………………………………112

第三节　班级协同治理……………………………………122

第四节　家校社协同育人…………………………………132

附录 …………………………………………………………… 141

第一章

问道协同治理建构之基

本章阐述学校协同治理体系建构的基础条件。第一节从学校党建引领学校高质量发展的战略需求角度,深入阐述协同治理体系建设的核心目标和建设方向。第二节从区域"两自一包"改革政策带来的机制创新机遇切入,深入阐述学校机制创新的条件优势。第三节从现代学校治理体系建设的理论综述出发,深入阐述和并梳理了学校机制设计的理论依据。

党的十九大报告强调,"党政军民学,东西南北中,党是领导一切的"。学校要明确培养目标,选择正确的办学方向,加强党组织的领导核心地位。如果将一所学校比作大海里的一艘船,党组织就是船的掌舵人。没有掌舵人引导正确方向,船就会走错路,甚至导致船毁人亡。加强党建引领,是建构学校协同治理体系的保障。

武侯区实施"学校自主管理、教师自主招聘、经费使用包干",简称"两自一包"的新型教育管理体制改革,在改革理念、管理路径等方面进行了有效探索,破解了内部治理中教师专业化发展的困局,推动了现代学校制度建设,为建构学校协同治理体系提供了强大动力。

在现代学校治理体系建构的探索过程中,产生了许多理论成果,这些理论成果将为学校机制设计提供理论依据,以理论指导实践,助力现代学校治理体系的高质量发展。

党建引领、政策助力、理论支撑,这三者互相配合、互相补充,共同构筑了学校协同治理体系建构的基础。

第一节　厘清治理体系建设方向

正确的办学治校方向、科学高效的教书育人实践,以及务实创新的教育教学管理,是学校高质量发展必不可少的保障条件。而这些条件的形成,离不开一个强有力的领导组织。加强党对中小学校的全面领导,坚持学校党组织全面履行"把方向、管大局、作决策、抓班子、带队伍、保落实"的领导职责,是办好教育的根本保证,是实现学校教育高质量发展的根本保证。

一、学校治理现代化是新时代学校发展的必然选择

近年来,面对世界百年未有之大变局,以及新型冠状病毒肺炎疫情加速世界政治经济格局急剧发展的大背景,中国共产党通过自我革命、自我建设,领导并推动了国家治理体系和治理能力现代化,进而有效推动了经济社会的高质量发展。我国各级各类教育也在党中央的领导和政策指引下,积极进行改革探索,取得了可喜的成效。

在2014年教育工作会议特别是2018年全国教育大会后,教育部门和学校根据党的十八届三中全会提出的"完善和发展中国特色社会主义制度,推进国家治理体系和治理能力现代化"这一全面深化改革的总目标,紧紧围绕"教育治理体系建设、教育治理能力提高",深化教育领域综合改革,积极探索"管办评"分离,建立科学高效且较完备的制度体系,构建各具特色的现代治理体系,不断激发学校办学活力,推动学校高质量发展。

学校治理现代化,是国家治理现代化的一部分,是新时代我国教育改革发展面临的重大课题,也是学校发展到现阶段的必然选择。2019年,中共中央、国务院颁布了《中国教育现代化2035》,加速了教育现代化进程,学校治理现代化建设成为日益重要的内容。一些地区和学校也已开始大力进行学校治理现代化的实践探索,并取得了一些宝贵经验。但在实践中,对学校治理现代化涵

义、特征等的理解还有不少分歧,对学校治理现代化的重要意义的认识还有待深入,对学校治理现代化实施的把握还不高,所有这些问题都在一定程度上影响着学校治理现代化的深入推进,更难以形成现代学校治理的经验和特色。

(一)何谓"学校治理现代化"

什么是"学校治理现代化"?对这一问题的回答,是推进学校治理现代化的逻辑前提。"管理"与"治理",一字之差,含义区分度不小。"管理"的概念使用范围很广,在管理学等学科中更是最为基本的范畴,是指一定组织的管理者通过实施计划、组织、领导、协调、控制等职能协调他人的活动,使他人同自己一起实现既定目标的活动过程。全球治理委员会在1992年发表的《我们的全球伙伴关系》(也译《天涯若比邻》)中对"治理"下了定义,一般认为"治理"是引起广泛关注的源头,"治理"是或公或私的个人和机构经营管理相同事务的诸多方式的总和,它是使相互冲突或不同的利益得以调和并且采取联合行动的持续过程。相比管理,治理是一种优化、良性、多元化、多角度的管理。管理多表现为命令和控制,而治理更多的是在多元行为主体之间形成密切、平等的网络关系,把有效的管理看作是主体之间的合作过程;管理多表现为自上而下,管理者出自自身主观意愿实施管控,而治理更多地强调发挥多主体的作用,鼓励参与者自主表达、协商对话,进而达成共识;管理多强调权力来源的单一性,而治理更多强调合法权利来源的多样性,任何一个单一主体都不能垄断规范和管理的实践过程。

学校治理现代化,可以理解为在现代化观念的引领下,对学校制度体系、治理模式、治理能力等方面的成熟与完善,是学校从传统治理向现代治理转化并产生积极效果的过程。它包括学校治理体系和治理能力的现代化两方面,治理体系主要表现为基本制度,是治理的基础和延伸。能力是治理体系效果的具体表现。"治理体系现代化"与"治理能力现代化"两者是结构与功能的关系,也可以说是硬件与软件的关系。"治理能力现代化"是要把治理体系的体制和机制转化为一系列能力,发挥其功能,彰显治理体系的优势。在国家治理现代化中,与其他事业或领域的治理现代化相比,学校治理现代化有着综合性系统性强、公平公正要求高、治理成效显现慢、治理环节转化多等特点。学校治理现代化可以有多条路径、多种方式,需要从学校实际出发,分析学校发展阶段存在的问题,选用不同的治理类型,或实现多种类型的综合运用。

(二)为何"学校治理现代化"成为新时代学校发展的路径选择

1."学校治理现代化"是建设现代化强国的需要

习近平总书记指出:"坚持和完善中国特色社会主义制度、推进国家治理体系和治理能力现代化,是关系党和国家事业兴旺发达、国家长治久安、人民幸福安康的重大问题。"教育是国之大计、党之大计,教育治理体系和治理能力现代化在国家治理中处于基础性地位,也是迈向2035教育现代化的重要内涵和关键保障。

党的十九大提出,我国未来发展实现三步走,2020年全面建成小康社会,2035年基本实现现代化,2050年把我国建设成为社会主义现代化强国。并且就现代化强国的内容作了勾勒,提出教育强国、人才强国、科技强国、质量强国、航天强国、网络强国、交通强国、制造强国、海洋强国、贸易强国、文化强国、体育强国等,可以说,这"12强"是现代化强国的重要标志。在这些领域强国中,教育强国又居于基础性、战略性、先导性地位。没有教育强国和强国的教育,无论是文化、科技、人才,还是其他方面,要真正强起来,都是不可能的。《中国教育现代化2035》提出,推进教育现代化的总体目标是:到2020年,全面实现"十三五"发展目标,教育总体实力和国际影响力显著增强,劳动年龄人口平均受教育年限明显增加,教育现代化取得重要进展,为全面建成小康社会做出重要贡献。在此基础上,再经过15年努力,到2035年,总体实现教育现代化,迈入教育强国行列,推动我国成为学习大国、人力资源强国和人才强国,为到本世纪中叶建成富强民主文明和谐美丽的社会主义现代化强国奠定坚实基础。教育强国之所以是其他各领域各方面"强起来"的基础,在于它是以人为对象的,所有现代化理论和实践都离不开人来实施,人的现代化是全部现代化的核心。人的现代化的实现形式有多种,历程也不能一蹴而就,但一定和中小学教育、高等教育等有着密切的关联。培养造就现代化的人,需要培养的场所——学校,在治理等方面实现现代化。学校充盈着现代化的治理理念,采用现代化的治理方式,治理主体是具有现代精神的人,学校治理环境现代感强,诸如此类,才有可能让身处其中的学生感受现代化的浓郁气息,向现代化的人的方向迈进。换句话说,在落后、传统、陈腐的学校是不可能培养出现代化强国所需要的现代人的。

2."学校治理现代化"是办人民满意教育的需要

党的十九大对我国新时代的社会主要矛盾做出一个重大的新的判断,那就是我国的社会主要矛盾已经由人民群众日益增长的物质文化需要与落后社会生产之间的矛盾,转化为人民日益增长的美好生活需要与不平衡不充分的发展之间的矛盾。从求温饱到求环保,从求生存到求生态;从先富带后富到共建共享;从高速增长阶段转向高质量发展阶段,诸如此类的要求都是新的社会主要矛盾的具体表现。表现在教育上,就是人民群众不再满足于自己的子女"有学上",而是"上好学"的问题,是要实现幼有所育、学有所教,而且是"优育""优教"的迫切需要。从发展状况看,改革开放以来我国经济社会发展状况发生了历史性变化,我国社会生产力水平总体上显著提高,社会生产能力在很多方面进入世界前列,更加突出的问题是发展不平衡不充分,这已经成为满足人民日益增长的美好生活需要的主要制约因素。教育领域不平衡不充分的发展,是指发展起来后的发展现象,突出体现为区域教育发展不平衡、校际发展差距大、学校办学质量还不够高、改革创新力度还不大、教育发展与经济社会发展还不适应等。要解决这些矛盾,使教育日益接近甚至达到人民群众的需要,很重要的一个方面,就是大力推进教育现代化,尤其是推进学校治理的现代化,实现学校高质量发展,提升学校的"优质率",让人民群众在家门口就可以"上好学"。

3."学校治理现代化"是实现立德树人办学目标的需要

学校立身之本在于立德树人,学校的办学目标在于立德树人,检验学校办学质量和水平的根本标准也在于立德树人的实现程度。从学校现有情况来看,虽然不少学校坚持社会主义的办学方向,大力推进改革创新,在学校状态、面貌上有了一定的改进,但离立德树人的办学要求还有不小的距离。习近平总书记2018年9月10日在全国教育大会上指出:"要把立德树人融入思想道德教育、文化知识教育、社会实践教育各环节,贯穿基础教育、职业教育、高等教育各领域,学科体系、教学体系、教材体系、管理体系要围绕这个目标来设计,教师要围绕这个目标来教,学生要围绕这个目标来学。凡是不利于实现这个目标的做法都要坚决改过来。""要深化教育体制改革,健全立德树人落实机制,扭转不科学的教育评价导向,坚决克服唯分数、唯升学、唯文凭、唯论文、唯帽子的'五唯'顽瘴痼疾,从根本上解决教育评价指挥棒问题。"学校要建立立德树人的落实机制,推进管理体制机制改革,在教学中形成新型师生关系,科学规划课程体系,完善学校、家庭、社会之间的关系,构建一体化的德育体系,所有这一切,其实都是与学校治理现代化息息相关的,是学校治理现代化的重要组成部分,是在现代化学校治理理念指导下开展的一系列学校改进活动。

4. "学校治理现代化"是激发办学活力增强内生动力的需要

2019年2月23日,中共中央、国务院印发《中国教育现代化2035》,要求"推进教育治理体系和治理能力现代化"。推进中小学治理现代化,激活学校教育细胞、释放中小学办学活力,是全面提高基础教育质量、办好人民满意教育的迫切要求。2020年9月15日,中央八部委联合出台的《关于进一步激发中小学办学活力的若干意见》(以下简称《意见》),是推进教育治理现代化的重大举措,为推进中小学教育治理现代化提供了行动指南。《意见》围绕学校管得太多、干扰太多、激励不够、保障不够等突出问题,从教育治理能力和治理体系现代化的角度进行了系统梳理,对激发中小学办学活力作出了系统部署。《意见》出台的背景有三个方面:一是落实中央部署要求的重要举措;二是完善教育治理体系的重要内容;三是提高基础教育质量的迫切要求。

教育治理现代化,从本质上说,是教育权力的科学配置及有效行使。推进中小学治理现代化,必须明晰政府、学校权责边界,处理好政府办学主体责任和学校办学主体地位之间的关系。《意见》在保障中小学办学自主权方面,实现了一系列重要突破。

推进中小学教育治理现代化,必须加快建立现代学校制度,做到"依法办学、自主管理、社会参与、民主监督"。建立现代学校制度必须处理好政府、学校和社会之间的关系,《意见》围绕完善学校内部治理体系、推进现代学校制度建设推出了一系列重要举措。明确学校内部治理改革的科学路径,实施合作治理。《意见》要求加强党对中小学的全面领导,"党组织要强化政治功能,加强对重大事项、重要问题的政治把关";要求健全决策机制,"学校发展规划、重要改革、安全稳定等重大事项和涉及师生员工切身利益的重要问题,由学校党政领导班子集体研究决定";要求充分发挥教职工代表大会的作用,"认真落实教职工代表大会或教职工全体会议制度,对学校重要工作进行审议、听取意见";要求处理好家校关系,"建立家长委员会""完善家校协同育人机制";要求"加快推进学校章程建设,完善各项规章制度,增强自主管理、自我约束能力"。通过学校内部治理体系的完善,进一步提高中小学科学管理水平,实现学校的高质量发展。

二、高质量党建引领学校治理现代化

坚持和加强党对学校教育事业的全面领导是我国教育事业保持正确发展方向的根本性保证,是教育的繁荣发展和保持活力的重要保证,也是学校实现治理现代化的根本性保障,决定着学校发展的总体方向和治理大局。

2021年1月28日,习近平总书记主持召开中共中央政治局会议时强调,要加强党对基层治理的领导,将基层党组织的政治优势、组织优势转化为治理效能。学校治理现代化从传统治理向现代治理转化的过程,主要表现为在明确学校治理领导权的基础上,推进学校治理体系现代化和治理能力现代化。而实践证明,中国共产党的领导是中国特色社会主义最本质的特征,是中国特色社会主义制度的最大优势。中国共产党是实现国家治理体系现代化的坚强领导核心。只有坚持中国共产党的领导,才能使国家治理体系沿着正确的政治方向前进,始终为广大人民群众谋幸福。只有把推进国家治理体系现代化与党的思想引领统一起来,用马克思主义的立场、观点、方法指导国家治理体系的构建与执行的全过程,才能不断更新管理模式、管理理念,促使国家管理向国家治理转变。我国教育领域实现综合改革的根本目标和追求就是推进教育治理体系和治理能力现代化。要实现教育治理现代化,就必须加强党建引领,切实促进学校以立德树人为根本任务,积极推进学校治理体系建设,注重人才培养体系的科学性和规范化,以进一步提升教育教学质量,以适应教育高质量发展的根本要求。加强高质量党建,落实党对学校工作的全面领导,必然成为学校治理现代化的核心和坚强保障。

(一)党建引领学校治理现代化,是新时代教育发展的根本要求

党的十八大以来,以习近平同志为核心的党中央高度重视教育工作,围绕"为谁培养人?培养什么人?怎样培养人?"教育根本主线,对改进教育工作和促进教育高质量发展问题进行了重要部署,同时也提出了一系列富有创见的新理念、新思想与新观点,系统回答了一系列全局性、方向性、战略性重大问题,为

促进我国教育事业的现代化发展提供了思想武器。

2018年9月召开的全国教育大会上,习近平总书记发了表重要讲话,从党和国家事业发展全局的战略高度系统地总结了我国教育事业发展的成就与经验,深刻分析了学校教育工作面临的新形势新任务,对加快推进教育现代化、建设教育强国、办好人民满意的教育作出了全面部署,并提出了"教育是国之大计、党之大计"的重要论断。该论断具有重要的战略意义,它把教育与国家的前途命运、党的前途命运紧紧联系在一起,把教育摆在了前所未有的战略地位,丰富和发展了中国特色社会主义教育理论,应该说党对学校教育事业的全面领导是开展新时代所有教育工作的行动指南。

(二)党建引领为学校治理现代化提供明确的方向

学校教育治理现代化既是国家治理体系和治理能力现代化的关键环节,也是推进学校加强教育改革、提升教育质量、加强学校制度建设和办好令人民满意的教育的根本需要。学校教育治理现代化进程的进一步推进,对新时代学校党建也提出了更为切实的诉求。在此过程中,要保证学校高质量发展的根本方向,积极推进学校教育治理体系建设,强化学校党建的引领地位。

学校党建在推进学校治理体系建设中发挥了重要作用,关系到学校办学目标以至我国教育发展目标的有效实现。只有理清学校治理现代化与党建工作之间的关系,才能处理好党建与学校发展之间的逻辑关系。当前学校教育治理现代化建设进程中,学校领导和师生员工还存在思想上和行动上的困惑,必须强化党建对学校工作的引领作用,为学校持续健康发展和科学治理提供理论支撑。

(三)学校治理的复杂性需要党建引领的保障

教育治理现代化不是一蹴而就的事情,而是一个需要积累转化的过程,就当前的教育发展状况来说,还具有一定难度。我们知道,治理是多元主体之间的一种协调互动关系,学校治理意味着多元主体共同参与教育治理过程,并且采取一种协调互动的方式,最终实现治理行动目标。因此,学校党建理念应该更加旗帜鲜明,发挥引领作用,凝聚多元力量,使党建能为推进学校治理现代化提供有效的思想基础和政治保障。

第一,学校治理目标的确立需要以党建作为支撑。学校治理现代化的目标就是推动学校的科学发展,主要途径在于通过多元主体的合作治理,改变传统的自上而下的控制式管理方式,重塑学校治理中的基本治校体系和育人体系。学校教育治理目标的确立是一个较为复杂的工作,治理目标必须符合教育发展的需要,还要结合学校教育工作的客观实际。因此,必须通过党建对学校的引领作用,促进学校科学决策,统筹多元因素,制订科学合理的治理目标,以保证学校治理活动在最优化的轨道上运行。此外,加强党建在学校治理中的引领作用,也有助于推进学校合理配置行政权与学术权,有助于发挥全体成员参与治校的积极性,最终通过全体成员的积极参与和行动,共同推动并实现学校办学目标和人才培养目标。

第二,高质量党建可以为学校治理体系的构建提供强有力的组织保障。加强党对教育事业的领导,坚持党建引领,能推动各级各类学校以马克思列宁主义为指导,坚持中国特色社会主义思想,进一步弘扬社会主义核心价值观,有助于学校实现立德树人的根本任务,从而为学校教育质量的提高和人才培养水平提供可靠的保障。此外,加强学校党建工作,促进学校立足于治理现代化这一中心环节,并把思想政治工作贯穿学校教育教学活动的全过程,还能为学校治理体系的构建和教育现代化建设提供强有力的组织保障。

第三,学校治理主体多元化需要加强党建统筹引领。当前学校治理活动呈现出主体多元化的特点,不只是教育管理部门和学校领导是学校治理的主体,其他如一般教职工、家长、社会企业行业、社区等主体也是学校治理活动中不可或缺的力量。要将这些多元化的治理主体统一起来,朝向共同的学校治理目标,就必须强化党建引领,切实统筹这些多元主体的治理行动,共同促进学校发展。加强党建引领,促进学校领导、一般教职工、学生、家长和社会等主体在学校治理中的参与度,明确多元主体参与学校治理的途径和范围,提升其参与学校治理的积极性,切实提升学校治理中多元主体的有效行动能力。

第四,学校治理方式需要结合党建工作进行优化。传统的学校管理方法和手段比较单一,主要表现为自上而下的行政化管理方式,这在某种程度上影响了学校的持续健康发展,不能满足和适应新时代广大师生员工的新要求,不利于激发学校办学活力,也不利于推进学校治理体系建设。在新时代,随着大数据和信息技术等方法的运用,学校教育治理应结合新时代党建对学校工作所提出的新要求,贯穿新发展理念,坚持科学与民主精神,充分运用数据和技术的方法,以信息技术促进治理方式的革新,从而促进学校治理的科学性和有效性。以信息技术创新党建工作方式,以更好地推动学校治理现代化进程。因此,在实际工作中,要促进学校各级党组织加强党建创新,以党建思想统筹指导学校的宏观发展和行动落实,同时把党建工作引领学校发展的具体责任以制度的形式落实到位,切实加强领导班子的责任意识,确保学校成为坚持党的领导的有力阵地,全面推进学校立德树人体系建设。

(四)"党组织领导的校长负责制",为新时代中小学校现代治理体系建设提供重要政策支撑

2022年1月26日,中共中央办公厅印发了《关于建立中小学校党组织领导的校长负责制的意见(试行)》。通知指出,"加强党对教育工作的全面领导是办好教育的根本保证。建立中小学校党组织领导的校长负责制,是坚持为党育人、为国育才,保证党的教育方针和党中央决策部署在中小学校得到贯彻落实的必然要求"。"要在深入总结试点工作基础上,健全发挥中小学校党组织领导作用的体制机制,确保党组织履行好把方向、管大局、作决策、抓班子、带队伍、保落实的领导职责";建立健全"学校党组织会议讨论决定学校重大问题""校长办公会议(校务会议)是学校行政议事决策机构""学校党组织会议和校长办公会议(校务会议)要坚持科学决策、民主决策、依法决策"等议事决策制度;"建立健全党组织统一领导、党政分工合作、协调运行的工作机制""要把党建工作作为办学治校的重要内容,发挥基层党组织作用,加强党员队伍建设,使基层党组织成为学校教书育人的坚强战斗堡垒。"

今天,党中央提出的《关于建立中小学校党组织领导的校长负责制的意见(试行)》,为我们落实党对学校工作的全面领导,以及坚持党建引领学校治理现代化,构建科学规范的学校现代治理体系,提供了根本遵循,每所中小学校都要认真学习领会中央的文件精神,积极思考谋划如何加强党的全面领导,重视党组织高质量建设,在"党组织领导的校长负责制"领导体制下,推进学校现代治理体系和治理能力建设,从而实现学校高质量发展,办出党和人民满意的教育。

第二节　探索治理体系创新条件

一、武侯区"两自一包"改革的背景

号称"天府之国"的成都又称为"锦官城""蓉城",它拥有李白笔下"九天开出一成都,万户千门入画图"的迷人风采。在党和政府的领导下,这座古老的城市焕发出更加迷人的文化底蕴和人文魅力,近年来先后获得"全球最佳新兴商务城市""中国内陆投资环境标杆城市""中国外贸百强城市"等荣誉。而位居成都西南城区,作为"老五城区"之一的武侯区,紧跟成都中心城区发展的步伐,以昂扬的姿态展现自己的风采。这里有德领馆、法领馆等外国领事机构;有四川大学、中科院成都分院等知名高校、科研所;有全国第二大信息产品集散地"科技一条街"……武侯区成为人们向往的创业天堂、宜居之所。城市的发展,人口的增加,同时带来了公共资源配置的压力。随着人们的需求越来越多,要求越来越高,作为重要的资源,教育也成为城市发展的重要问题。

从 2009 年开始,武侯区实施了以学生数量配置教师编制量的政策。随着武侯区经济的快速发展,城镇化快速推进,武侯区的外来定居人员,特别是外来务工人员数量逐年增加,随之增加的随迁子女的人数中,适龄入学人数也以年均 15% 的速率快速增长。另外,随着"二孩政策"的推广,人口也必然呈增长趋势,教育需求与公办学校容纳能力之间的矛盾也将随之增长。

为了缓解社会对教育需求的压力,武侯区在"十二五"期间新建(含扩建)了 6 所小学,4 所中学。在政府财力的支持下,这些新建起来的学校硬件设施条件优越。但在政府"编制只减不增"的政策指导下,机构编制部门实际增拨的编制个数远远不能满足实际需要的编制数,"紧聘语数老师""急招物理老师"等信息,频频出现在各校官网、教师群、培训群中,"缺老师"成为很多学校面临的一个难题。教师的编制和数量严重不足与学生数量的快速增长之间的矛盾

更加突出，成为制约区域教育发展的瓶颈。

2014年，为满足人们对教育的需求，武侯区政府决定在晋阳辖区新建一所学校，这所新建学校占地70亩、设计规模48个班。但是因为教育局无法从机构编制部门拿到核定的教师编制，这所已规划好的学校迟迟不能发布招生信息。"有学校没老师"成为居民新的"读书难"困境。一方面是城市发展入学需求的不断增长，另一方面是教师编制问题突出。要解决这一困境，必须实践创新，寻求突破。

教师是教育的第一资源，是教育事业发展的根基，教师队伍建设是提高教育质量、办人民满意教育的关键。纵观历史，教师自古受到人们的敬重。但是，随着政治经济的快速发展，一些年轻人却不愿选择教师这一职业。究其根本，是教师工资与其职业本身的效益没有成正比。

2008年《关于义务教育学校实施绩效工资的指导意见》(国办发 [2008]133号) 确定了绩效工资，由基础性和奖励性绩效两部分组成。到2010年5月，国家发布《国家中长期教育改革和发展规划纲要(2010—2020年)》，提出"提高教师地位待遇，维护教师权益，吸引优秀人才长期从教，终身从教"。教师工资状况得到缓解，总体水平有所提高，与当地公务员平均工资水平的差距也在逐渐缩小。但是，与飞速发展的经济相比，激励力度依然不大。

绩效工资制度实施后，岗位工资、薪级工资、绩效工资和津贴补贴构成教师工资，每一部分又与职称和工作年限相关，特别是中小学工资，大多由职称决定。如一个专业九级的副校长和专业七级的班主任，尽管他们都担任教学工作，教龄都是20年，但专业七级的教师的工资明显高于专业九级的副校长，这是因为在教师工资中起决定性作用的不是实际工作量和工作业绩而是职称。根据绩效制度的相关规定，高级、中级、初级的职称比例是1:4:5，然而高级职称指标占少数，无法满足大多数教师专业发展水平的提升要求。

同时，实行绩效工资制度后，不再发放其他的补贴和奖金。教育经费更多用在硬件设施的更新上，忽略了教师的人本价值，教师行业逐渐失去了原有的魅力，吸引力远不及同类卫生、体育等行业，学历要求也比同类行业低。以2014年为例，作为武侯区教师主要来源的S大学和X大学，师范类专业科学教育录取分数线分别是562分和527分，比同一层次C大学的物理学专业录取分数线最高低了42分，比Z大学药理学专业录取分数线低了43分。这些都难以避免地影响了教师队伍的入口质量。

另外,教师职业倦怠成为比较突出的问题,造成这一现象的原因主要包括以下几个方面。首先,劳动强度与工资水平之间的矛盾。教师每天除备课、讲课、批改作业之外,还要指导学生课外活动,做思想教育工作、家校沟通工作等;休息时间要写论文、参加各种进修和继续教育培训等;每月还要应付各种检查,准备各类检查资料等;更不用提许多临时性的工作,使教师的身心疲惫不堪。这就让许多教师不愿再分精力担任班主任、年级组长等岗位。虽然教师入职门槛较高,但教师待遇与工作强度,以及家长和社会的期望要求不成正比。其次,教育职业与其他职业不同,是一个长期辛苦付出的职业,它的成果往往要很长时间才能得到体现,平凡、稳定的职业特点让教师容易依照惯性工作,无法长时间体现自我价值,渐渐会产生倦怠的情绪。最后,工作、生活条件的不理想也让教师困顿。比如,教师每天工作强度很高,经常要牺牲休息时间处理学生或者家长的事情,加班也是常态。有孩子的教师甚至会无暇顾及自己的孩子,若遇到孩子生病,更会家庭工作两头受煎熬。

二、武侯区"两自一包"改革的过程

2014年武侯区提出了"全市一流、西部领先、全国知名的教育现代化强区"目标,要实现这个目标,教育改革迫在眉睫。《中共中央、国务院关于分类推进事业单位改革的指导意见》(中发〔2011〕5号)中提出:"已认定为承担行政职能、但尚未调整到位的事业单位,在过渡期内继续按照现行法律法规和政策规定履行职责,使用事业编制且只减不增",对"从事公益服务事业单位"的改革要求是"对不同类型事业单位实行不同的机构编制管理,科学制定机构编制标准,合理控制总量"。"合理控制总量",并不是"只减不增"。这说明只要打破体制壁垒,深入理解政策,许多问题便可迎刃而解。2014年武侯区在新学校川大附中西区学校提出"整体入手、长远解决学校活力问题"的改革思路。在这所新办的学校,武侯区政府同意了教育局在该校实施"教师自主招聘"方案,学校面向社会招聘教师,实行劳动合同管理,由教育局拨给教师工资。2015年4月10日,武侯区政府与中国教科院在武侯区第一办公区签订了"教育综合改革试验区"合作协议。自此,武侯区"学校自主管理、教师自主招聘、经费使用包干",简称"两自一包"的新型教育管理体制改革正式开启。

（一）探索阶段（2014年秋—2015年春）

这个阶段以购买服务为特征。武侯区作为成都市的五大主城区之一，随着城镇化进程的加快，外来人口逐渐增加，对公共教育资源的需求也在不断增长。但教师编制紧缺、绩效工资总量低、教师"出—入"难，三大难题制约着武侯区教育的发展。为了解决这些难题，区教育局向政府提出了由学校自主招聘教师和政府购买的方法，建立以财政经费聘请无编制教师机制，解决教师紧缺的难题。经武侯区政府常务会批准后，武侯区部分学校开始实行学校自聘教师，并建立了以财政资金购买无编制教师劳务的机制，开始了"教师自聘"的探索。

（二）试点阶段（2015年秋—2016年秋）

本阶段以简政放权为特征，扩大学校的办学自主权。武侯区委、区政府积极响应，贯彻落实党的十八届三中全会提出全面深化教育领域综合改革的决定，加大建立新型政校关系、促进教育治理现代化的力度、推进教育体系建设现代化。2015年，武侯区发布了《关于印发＜成都市武侯区教育局推行现代化学校制度建设的实施意见＞的通知》（武府教〔2015〕33号）和《成都市武侯区教育局关于学校章程建设的通知》（武府教49号），从"放管结合优化服务""完善学校治理"和"促进社会参与"三个方面建构区域教育管理的制度体系。

四川大学附属中学西区作为首批改革试点校，推行了"教师自聘、管理自主、经费包干"综合改革，推进了教育"管办评分离"和现代学校制度建设，在解决学校"人权、事权、财权"等办学自主权问题上积累了丰富的经验。2016年9月武侯区委、区政府印发了《成都市武侯区在新建公办中小学（幼儿园）推行"两自一包"学校管理体制改革的实施方案（试行）》，扩大推广川大附中西区的改革经验，在全区条件成熟的新建公办中小学（幼儿园）中全面推广试行"两自一包"改革政策，激活武侯区公办学校的管理模式。

（三）推广阶段（2016年至今）

"两自一包"改革试点取得良好效果，产生了较好的社会反响，2016—2017年有10所现有公办中小学主动提出试点申请，更吸引了国家、省、市各级改革研究推进部门的目光，《中国教育报》《光明日报》等多家媒体相继报道，推广武侯区"两自一包"改革经验。为进一步释放现有公办学校活力，扩大区域改革实效性和影响力，2018年12月武侯区委、区政府印发了《成都市武侯区在现有公办学校深化"两自一包"管理体制改革试点的实施方案》,在全区公办学校进行"两自一包"管理体制改革试点。首先学校自愿申请加入改革,同时,全体教师表决同意,最后,教育局对各申请学校方案进行测算和论证,通过后现有公办学校便可以加入"两自一包"改革。最后区教育局按照"自愿、自主、条件成熟"的原则选择了2所小学、1所幼儿园作为试点。

在改革试点学校,愿意参加改革的在编教师签订《自愿参加"两自一包"管理体制改革协议书》,将在编身份、工资级别、职称等进行"档案锁定",职称、工资级别正常晋升,工作年限正常计算,在改革学校工作期间,签订工作岗位聘用合同,参与学校新的工资分配体系,到退休或聘用关系解除后,依然回到编制人员的待遇体系中。为了保证改革的稳定,教育行政部门制定了分流机制,完善了分流渠道:不愿意参加改革的教师,按照"自愿申请、双向选择"的原则,由教师管理服务中心组织选聘会,到区内非改革试点校任教。

武侯区以"两自一包"改革为着力点,从校长职级制改革、名师优师专项激励、教育督导评估等方面,综合推进区域教育治理体系和能力现代化。

第一,推行校长职级制改革。在由教育局任命的校长管理体制下,存在优秀校长资源不均衡,价值认同机制的缺乏等亟待解决的问题。在2015年左右,成都市掀起过一股名教师、名校长从公办学校离职到私立学校高薪就聘的热潮,想要留住人,首先要在经济上给予校长"相对自由",在管理上给校长"相对自主"。为此,在这项改革的试点阶段,武侯区全面推行校长岗位职级制,完善了对校长的职级考核。2016年3月,区教育局在棕北中学、川大附中、礼仪职中等7所学校实施了校长岗位职级制试点,设置了初级、中级、高级、特级四等级八档次的校长岗位。在原有待遇不变的基础上,每月发放2000~9000元递增的职级奖励。分两次发放:每月发50%,根据年度考核发剩余部分,如果考核"不合格"不发剩余部分,考核"合格"发剩余的60%,考核"良好"发剩余的80%,考核"优秀"发剩余的100%。特级校长的工资加上每个月9000元的职级奖励,年收入将在25万元左右,高级四档校长的工资加上每个月6000元的职级奖励,年收入将在18万元左右。这极大地激励了有能力、有情怀的校长,一心一意办学校、搞教育。2017年1月,教育局对这7所学校的校长从"校长廉洁自律情况、校长规划发展、引领教师成长、优化学校管理"等工作内容进行满意度测评,所有试点学校的校长考核分数都达到了80分。2017年3月,全区64所公办学校、幼儿园开始实施校长岗位职级制。

第二，推进名师优师专项激励机制。依据"师德优良、示范优秀、工作优质"的三优原则，采取"自愿申请、严格考核、定期奖励"的办法，对国家、省市区和学校各级各类名师优师进行考核，激发骨干教师发挥岗位示范和辐射引领作用。根据称号级别和考核结果，对参加区名师考核的教师，每月发放1200~5000元不等的奖励；对参加区优师考核的教师，每月发放500~1500元不等的奖励，按照考核"优秀"发100%，"良好"发80%，"合格"发60%，不合格不奖的原则兑现奖励。超过80%的教师支持这一政策，在教师眼里，"两自一包"改革明确具体、民主公开、受益面广。学校管理能力得到提升，教师的干事活力被激发：教师教学更认真了，主动申请和愿意承担班主任、教研组长工作的人数明显增加，积极参加业务培训和教育教学改革的教师人数也大幅上涨。

第三，创建"1224"教育督导评估体系。健全组织机构和创新工作机制，为教育督导改革提供有力保障。"一套体系"指建立"区教育督导室—区教科院—区教育质量监测中心"三级组织机构，促进教研、科研、培训、监测一体化；建立区域教育质量监测、学校督导评估的长效合作机制，防止学业压力过重；建立学校自我评估与改进的可持续发展机制，自下而上地发现问题、解决问题；与国内高水平研究机构合作，建立具有先进评价理念、掌握评价专业技术的团队，引入权威量表，开发并完善评价工具。"两个平台"指依托"三顾云"数据平台，建立综合督导评估系统和区域教育监测平台。"两项对标"指对标国家标准和发达地区水准。"四个指标"指品德及身心健康水平、学业发展水平、资源配置、绿色发展四大指标。

三、武侯区"两自一包"改革的成效

（一）打破了现代学校制度的建设困局

2010年颁布的《国家中长期教育改革和发展规划纲要(2010—2020)》对教育制度供给改革和完善提出了具体要求，2014年，武侯区开始实施的"两自一包"体制改革打破了传统学校管理体制，以实践性、实效性、实用性为导向，解决了现代学校制度建设的主要问题。

第一，解决了教师编制紧缺的问题。"两自一包"改革打破传统公办学校教师必须有编制的局面。实施全员岗位竞聘，在编教师锁定身份，淡化编制作用，重视岗位效能,遵循"按劳分配、按岗取酬、绩优酬高、薪随岗变"的分配原则,充分调动教师的工作积极性、主动性和创造性,让教师在具体岗位与事务工作中得到"获得感"和"成就感"。第二,解决了学校无法自主招聘教师的问题。"两自一包"改革将教师聘任权下放学校,校长牵头,多部门参与,建立"公开发布招聘信息、接受报名、资格审查、笔试面试体检、岗位聘用、签订劳动合同"六个流程,让学校能结合自身发展需要,自主拟定招聘计划,学校更易选到自己满意的人才。第三,解决了公办学校几乎无淘汰制、教师管理难的问题。"两自一包"改革后按照"自愿续聘、双向选择"的原则,在编教师可以选择继续留在改革学校任教或交流到非改革学校任教。招聘教师与学校签订劳动合同,明确工作职责和违约责任。劳动合同分为"长期合同"和"短期合同",对不符合续聘要求,以及工作中达不到岗位要求的教师,实行"约谈提醒、帮扶整改、依法解聘"的退出机制。实现了教师的有序退出。第四,解决了经费短缺的问题。"两自一包"实行"经费包干"的原则,区教育局将经费按每个财政年度一次性打包划给学校,由学校自主管理和使用。通过强化经费预算、实行"全员预算"、实行项目管理、严格公开审计保证经费的合理使用,解决了绩效工资制度以来激励和约束杠杆作用小的问题。

(二)完善了现代学校的管理制度

"两自一包"改革消除了传统编制管理弊端,赋予学校充分的人权、财权、事权,权利的"松绑"打破了束缚学校管理的枷锁,破除了政府及相关行政主管部门的"权力壁垒",重构了公办学校内部权力机构。学校内部治理机构更加完善,在校长负责制下整合教学和德育部门,校长委员会、教代会、家委会、校务委员会、学术委员会等代替了学校办公室等行政机构,形成了党总支领导的"五会议事"制度,体现了"管办评分离"的现代学校治理理念。制约学校发展的"金字塔"组织结构被"扁平化"管理替代,管理层级从校长到中层干部,再到教师,教师和学生的管理直接进入决策层面。权力被分散,管理层级在减少,管理效率提升了。管理的重心也不再是之前的"事务性",而转向了"学术性"。

同时,在扁平化管理模式下,学校实行项目管理制与校长负责制互为补充,即把学校各项工作分类打包,公开在全校征集实施团队,教师可以以个人或集体名义进行申请,学校以项目计算工作量并发放奖励。这一改革充分调动了教师的积极性,激活了教师的内驱力,在学校形成了人人争做管理者的热潮,工作不再是被动的安排,而是主动的管理。在民主的参与和监督过程中,实现了个人的价值,让每一个人看到了自己的无限可能。多劳多得、优劳优酬制度、集体备课制度、师徒结对制度等吸引了更多的优质教师资源,师生成长环境更优越,全面激发教师活力,学校发展更迅速。如成都市第三十三幼儿园2015年教师流失率为17%,到2019年便减少到了2%。北二外成都附中2019年初一入学优秀率接近60%,高中招生线高于重点线39分,成功晋升为成都市一流高中。

(三)构建了良性的管理育人环境

改革学校建立起依法办学、自主管理、民主监督、社会参与的现代学校制度,构建了良性的学校管理环境、育人环境,提升了学校教育治理体系和能力现代化。校长治校有动力,学校办学有活力,教师发展有潜力,学生学得更开心,家长放手更放心,"两自一包"改革推动了区域教育综合改革朝着创新发展,进一步带动了整个区域教育的发展。如北二外成都附中"一带一路"国家小语种特色课程,受到了学生的追捧,得到了家长的充分认可;在高起点、高标准、高品质要求下建立的沙堰小学、川大新城附中建一所、亮一所,满足了人民群众对优质教育的需求。

改革学校学生成长机会多,综合素质得到提升。学校自主开设丰富多彩的校本课程,涉及面广、种类多,包含体育、艺术、科技、小语种、文学、综合实践等,免费为学生开设这些课程的任课教师,既有本校教师,也有邀请的校外的专业培训教师。如新建仅几年的川大附中西校区便开设了90多门校本课程,多元化的课程满足了学生个性发展需求,得到了学生的追捧,更得到了家长的认可。改革学校的学生艺术修养得到提升,体育锻炼不断加强,科技创造得到认可,在各级各类比赛中获奖人数逐年上涨,与此同时,学生的学习成绩也稳步提升。

随着改革的深入,改革成效显著,得到了广泛的关注。中国教科院领导专家高度评价改革成效,中国中央办公厅、国家教育体改办、省委办公厅专报刊发改革经验。2018年12月孙春兰副总理在《四川信息专报》上做出批示:"四川'两自一包'的经验获认可,可进一步研究并总结其经验,关键是扩大学校办学自主权后,解决的办法多了,办学活力提高了。"2019年6月四川省常委、成都市委书记范锐平在成都市教育大会上强调,武侯区"两自一包"改革在实践上可行,在理论上可信。

第三节　确立治理体系设计依据

一、现代学校治理体系理论

（一）《全面推进依法治校实施纲要》文件中对现代学校治理体系的论述

党的十八届四中全会提出了建设中国特色社会主义法治体系，建设社会主义法治国家的总目标。教育领域法治建设是全面依法治国系统工程的重要组成部分，近年来受到了极大关注。为全面推进依法治教，促进教育治理体系和治理能力现代化，实现教育现代化的目标，2012年教育部发布了《全面推进依法治校实施纲要》，文件明确提出要大力推进学校实施依法治校，加快建设现代化学校制度。要以推进政校分开、管办分离，构建政府、学校、社会之间的新型关系，建设现代学校制度，来深化教育体制改革，以提高管理水平与效益，维护学校、教师、学生各方合法权益，全面提高人才培养质量，保障实现教育现代化。

文件还强调章程、法律规则面前人人平等的理念，要求学校建立公正合法、系统完善的制度与程序，保证学校的办学宗旨、教育活动与制度规范符合社会主义法治理念的要求；要落实和规范学校办学自主权，形成政府依法管理学校，学校依法办学、自主管理，社会依法支持和参与学校管理的格局；以提高学校章程及制度建设质量的方式规范和制约管理权力运行、推动基层民主建设，增强运用法治思维和法律手段解决学校改革发展中突出矛盾和问题的能力，全面提高学校依法管理的能力和水平；切实保障师生主体地位，依法落实和保障师生的知情权、参与权、表达权和监督权，积极建设公正民主、和谐平安的校园。加强章程建设，健全党组织领导的学校依法办学自主管理的制度体系，增强学校自主权，着力规范内部治理结构和权力运行规则，充分反映广大教职员工、学生的意愿，凝练共同的理念与价值认同。健全科学决策、民主管理机制，完善学校治理结构。促进学校决策科学化、民主化、法治化。充分发挥中小学校基层党组织的政治核心作用。依法明确校长办公会的职权范围和决策规则，发挥学术委员会、学校理事会等组织在决策中的作用，健全校长负责制，建立由教师、学生及家长代表参加的校务委员会，完善民主决策程序。完善决策执行与监督机制，要在学校内形成决策权、执行权与监督权既相互制约又相互协调的内部治理结构，保证管理与决策指向的规范、廉洁、高效。依法办学，落实师生主体地位，形成自由平等公正法治的育人环境。

（二）现代学校制度建设的"治理"取向与路径分析

随着社会主要矛盾的转化、市场化改革和社会转型的进一步推进，社会各界对优质教育的需求与日俱增，参与学校治理和教育改革的热情高涨，传统由政府办教育、管教育和评教育的"治理"模式已然不能满足人民群众多样化、多层次、多方面的教育需求，也无法适应经济社会发展对多样化人才的需要。因此，在依法治校、建立现代学校制度的背景下，赋予学校充分的自主管理权是中国特色社会主义新时代教育的必然要求。

外部环境和社会需求的变化，需要学校实施现代化治理，创新制度环境，完善治理体系，激发学校办学活力。然而，中小学现代化治理是一个综合的体系，其内部结构和外部要素复杂多样，每一个方面的参与程度都会影响治理成效。因此，建构现代学校治理体系必须协调各要素之间的关系，划分权力，确保治理主体之间相互制衡与监督，推动治理主体由"单治"向"共治"转变。那么，实现这一目标的路径可分两步走。

1. 依法制定学校分权治理制度

坚定不移地贯彻依法治国的治校理念，坚持以宪法为办学基础，结合学校的具体特点与实际情况，制定行之可依、行之有效的分权治理制度。并形成以制度建设为核心的学校现代化治理体系，将决策权、执行权和监督权下放至校长、教代会、校务委员会、学术委员会、学生会、家长委员会等不同的权力主体，保障治理主体的多元化，并赋予不同治理主体一定的治理决策权力，构建学校治理多元、主体治理协调运行态势，以规章制度保障各治理主体缓解冲突，充分发挥权力的优势，从而实现一个能自我调节、自我修复、和谐共生的民主协商机制和权力生态系统。

2. 依法健全多元主体治理决策机制，促进多元主体实现协同治理

治理主体多元化能有效实现权力之间的监督与制约，保证学校决策程序和结果的公开和透明。要确保各治理主体之间减少摩擦、协同运行，并形成超过传统治理模式的治理合力，依法健全多元主体治理决策机制，以学校治理体系为一切工作的轴心，这套决策机制需以民主合作为基本特征，激发多元主体的集体智慧，构建关系协调的多元主体协同治理的关系，将学校治理体系建构中各要素的确定、治理体系运作及管理，均指向多元主体合作关系的建构，从而提高学校治理效率，推动学校治理现代化。

二、协同治理理论的认识

（一）"协同治理"的内涵

作为一门新兴交叉的理论，"协同治理"的实践与学术探讨已经成为公共行政领域的热门词汇，不同于西方语境下的协同治理，我国学者对协同治理的研究源于理论与现实的双重呼唤。在概念界定上，我国学者主要采用两种方式。第一种，"协同治理＝协同理论＋治理理论"，如郑巧和肖文涛认为"基于协同学理论和治理理论，协同治理是指在公共生活过程中，维护和增进公共利益之目的"。第二种，借用国际组织给出的定义，如刘伟忠借用了联合国全球治理委员会给出的定义："协同治理是指政府部门和经济组织、社会组织以及社会公众等多元合法治理主体以既存的法律法规为共同行为规范，通过相互配合与协同，有效汇聚多种力量，实现公共利益最大化的过程。"国外对协同的理解，不同的学者提出的内容差异较大，一种认为协同等同于多个行为者之间为了共同目标一起共事。一种认为这是一种行动者之间的互动过程，协同应该是一种动态的、因配合和协调而相互影响和演化的过程，强调行动者的主动性。一种认为参与协同治理的行为者之间应该建立相互信任和分享的关系，这种关系应该是持久而坚定的，他们之间可以互换信息、改变行为、共享资源，在相互影像中提高各自能力，共享利益并且共担风险与责任。虽然国内学者的措辞不同，但对协同治理及其相关概念内涵的理解比较一致，都比较强调治理主体的多元性、权利的分散性和工作的协同性，把协同定义为一种更加持续和固定的关系，需要建立新的结构，构建新的权力体系，发展共同愿景，开展广泛的共同规划。

李辉在《善治视野下的协同治理研究》、张仲涛在《我国协同治理理论研究现状与展望》中都谈到了：协同治理是指处于同一治理网络中的多元主体间的协调合作，形成彼此啮合、相互依存、共同行动、共担风险的局面，产生有序的治理结构，以促进公共利益的实现。协同治理包含合作治理之义，但不是简单合作，是在治理理论的基础上强调合作治理的协同性。郁建兴、任泽涛认为协同治理体系是指政府担任建设的主导作用，通过制度化的交流通道及参与平台，加强对社会力量的培养，同时发挥社会力量，在独立治理方面，参与服务和共同管理。姬兆亮等人认为，协同"既不是一般意义上的合作，也不是简单的协调，是合作和协调在一定程度上的延伸，是一种比合作和协调更高层次的集体行动"。张贤明、田玉麒在《论协同治理的内涵、价值及发展趋向》中提到，协同治理以其动态性和多元性提升了公民的参与程度，在协同治理体系中，政府、市场、社会和公民处于相互依赖的协同网络之中，并不断寻求联系和互动。

　　本书认为协同治理是在治理理论的基础上强调多元主体的协同性，突出治理主体的多元化，以及多元主体之间相互影响发挥积极效应的关系。就相关的研究来说，协同治理主要体现出六个方面的特征：一是公共性。目的是解决公共问题，而不是私人问题。二是多元性。参与者应来自不同的部门，如政府、企业、社会组织以及公民等多个主体。与国外府际关系不同，我国政府部门之间以及不同级别的政府之间即便出现利益冲突，一般也可以通过行政手段予以解决，因此，如果参与者仅是来自不同政府部门或不同级别的政府，那么这种情况并不包括在本文指的协同治理之内。三是互动性。各参与者之间为了实现共同的目标有积极的互动。互动可以表现为信息、资源、优势的共享，议题和解决方案的协商，方案实施时的分工合作等。此外，互动中信息的流动不是单向的，互动性体现在与决策相关的全过程。四是正式性。为确保运作规范，提高各方的投入程度，各参与者之间的关系、职责应通过比较正式的制度、规则确定下来。正式性是一种比较理想的状态。不排除在实践中，一些协同行为是在各参与方对非正式的约定达成共识的基础上开始的。五是主导性。政府不是唯一的责任主体，但仍然在治理中处于中心位置，具体表现在议程的制定、责任的承担等方面。这里需要明确三点：首先，当政府不是唯一责任主体的时候，就涉及政府将部分公共职权授予给非政府组织的问题。为此，需要一些新的安排确保授权的妥善行使，如自我评价及评价结果公示制度、社会监管制度以及第三方评估制度等。其次，参与协同治理的政府机构在与各参与方互动、沟通过程中,应起到积极的引导和促进作用,并为各参与方能力的提高提供足够的技术、资金等方面的支持。最后,一般情况下,政府仍然是最终的决策者,但最终决策的做出并不是政府一方意见的胜出,而是建立在统筹考虑、平衡各参与方利益诉求的基础之上。第六,动态性。协同治理并没有统一的运作模式,而是根据具体的情况,呈现出一定的动态性。协同治理的动态性是由其所处环境及内部运作的诸多不确定性决定的。这种动态性表现在组织构架、协同规则、议题范围、持续时间、解决方案以及执行等各方面。学校协同治理有利于发挥多元主体的协同效应,有利于促进多元主体间的互动交流,避免多元主体的责任分散。这样做能够统筹政府、社会等不同层面和教学、经费、课程等诸多要素,以及教师、学生、家长等不同利益相关者,激发治理主体的主动性、积极性和创造性,形成良好的治理格局。

(二)"协同治理"的研究现状

1.国外关于"协同治理"的研究

国外对于"协同治理"研究早于国内,以美国最为突出,并呈现全球化发展的趋势。它源于公共事务的治理需求与治理能力之间日益增大的差异。政府为了满足不断增长、日益复杂的治理需求而进行的改革,以一种区别于以往公共行政改革的新型治理的形态出现,即通过从政府以外的公共事务利益相关者中寻找可供合作的力量,提升公共事务的治理能力。近30年来,世界范围内的政府构架都面临改革压力,公共机构面临改变组织架构及管理方式的挑战。为了应对社会问题日益复杂和政府资金短缺所带来的挑战,政府、企业、非政府组织、公民之间跨部门协同合作的现象,表现为民营化、服务外包化以及采用商业管理技巧的分权化、减员、去官僚化。随着这些改革方式的大范围推广,它们被贴上新公共管理运动的标签,在实践中,人们逐渐发现公共事务已经不仅是政府机构的事情,而且可以通过公共机构、私人机构和非营利组织共同组成的伙伴关系和网络实现。学者们开始大量地关注公共机构和管理者将采取怎样的改革应对跨部门、多层次的治理系统,其中很重要的一个主题就是如何建立构架和程序,促进不同参与主题的协同,并提高决策和实施的质量。最后,这些概念均被统一到了"协同治理"这一概念之中。

安塞尔教授主要集中在公共和私人机构的协同,以及管理难以控制的公共问题和促进社会创新；柯克·艾默生长期从事环境冲突问题解决和协同解决问题的研究，以及气候变化、边境安全和自然资源领域的协同治理；罗伯特·阿格拉诺夫主要研究方向是协同公关管理；克里斯·赫克塞姆主要研究公共部门中的协同过程。以下几篇文献被引次数较多：克里斯·安塞尔和艾莉森·卡什合作完成的《协同治理：理论和实践》，对现有的协同治理文献进行了分析研究，目的是阐述协同治理的权变模式。柯克·艾默生等人的《协同治理：一个综合框架》中，综合扩展了协同治理的理念框架、研究成果和基于时间的知识，并开发了一套协同治理的综合框架。卡门·西里安尼的著作《投资民主：让公民参与协同治理》中，重点阐述了协同治理中的公众参与，并针对公众参与提出了八条核心原则。总的来说，国外对协同治理的研究集中于阐释各种跨部门协同合作的现象，当前研究主要分布在行政学和环境科学等学科领域，研究的重点与热点包括协同治理理论的概念、具体特征和协同治理的框架等，研究分布各个学科，包括政治学、经济学、公共管理、行政法等。不同的学科都从学科角度对这一概念进行了诠释。

然而，协同治理是当代西方民主社会的产物，其产生与欧洲人文主义背景、民主思想的普及、可持续发展概念的产生、企业管理的变革等有着紧密的联系，因此不能将这个概念的研究成果直接照搬用于我国。

2. 国内关于"协同治理"的研究

协同治理理论在国内兴起较晚，2006年党的十六届六中全会明确提出建设"服务型政府"的概念后，有关协同治理的研究开始迅速增多，李汉卿在《协同治理理论探析》中主要分析了协同论要义以及协同治理理论的内涵；郑巧、肖文涛的《协同治理：服务型政府的治道逻辑》重在分析在协同治理理论的基础上，实现服务型政府转型的理论支撑与路径探索；张立荣和冷向明共同撰写的《协同治理与我国公共危机管理模式的创新——基于协同理论的视角》主要适用于公共危机管理中协同治理的研究。通过对已有文献的分析溯源来看，协同治理的研究主要集中在行政学及中国行政管理、环境科学与资源利用、宏观经济管理与可持续发展等公共管理领域。自党的十八届三中全会正式提出"推进国家治理体系和治理能力现代化"后，治理和教育治理逐渐成为公共政策话语，并引发研究升温，党的十八大报告进一步提出要"加快形成党委领导、政府负责、社会协同、公众参与、法制保障的社会管理体系"，实现社会管理目标从"健全格局"到"形成体制"的飞跃,由国家全面控制、包办代替的社会管理模式开始向一种由法律保障的政府主导、社会协同和公民参与的多主体合作管理模式转变。创新社会管理在事务方面的需求和发展,推动了理论界对政府与其他组织跨部门协同等相关主题的研究,"协同治理"开始成为学术研究热词。2014年开始,关于教育协同治理的相关论文数量迅速增多。在我国全面推进国家和社会治理体系现代化的背景下,学校教育改革呈现出系统性、协同性、多元性等特征,主要体现在基于协同治理的视角,通过共建共享与协同创新推进学校的变革等方面。虽然协同治理这一概念在国内发展的时间不长,但是研究体系已初步形成,理论研究亦不断发展成熟。随着全面深化改革的推进,实践中对协同治理的需求将进一步释放出来,协同治理的领域将进一步向纵深发展。

（三）"协同治理"的价值研究

1990年以来,联合国开发计划署提出了人类发展的概念,注重把人放在发展的核心地位,发展的最终目的在于改善和促进人类的发展,而治理强调利益相关者参与决策和相互合作的理念。

西方学术界对协同治理的研究分散于多个学科,如政治学、经济学、公共管理以及行政法等,是一种重要而有益的分析框架和方法工具。安索夫的战略协同观点指出,唯有部分之间实现良好的匹配,方能实现整体功能大于局部功能之和的效应;哈肯提出唯有部分之间协同合作,形成有序运作的机制,方能实现单个子系统无法实现的功能。协同治理理论契合了公民参与的民主思想,并为其发展与完善提供了一个崭新的契机。科恩认为"民主决定于参与——即受政策影响的社会成员参与决策",可见公民参与是民主的题中之义与内在要求。罗伯特·达尔提出的民主过程五项标准中,第一条便是"有效参与"。他认为,"在政策被社团实施之前,所有的成员应当拥有同等的、有效的机会,以使其他成员知道他对政策的看法"。对新兴民主而言,公民参与主要起到巩固的作用;通过缓解投票率下降和政治冷漠的方式复兴衰退型民主。协同治理以其动态性和多元性提升了公民的参与程度。除政府之外,市场组织、社会组织和公民都能够平等地表达利益诉求、参与决策决定,并结成伙伴关系协力解决公共问题。协同治理通过促成多元协同克服公共产品和服务供给过程中的缺陷,进而为公民提供生存和发展所需的公共服务,对改善民生也具有重要的贡献。

受社会和文化背景的影响,国内"协同治理"的价值显然与国外不同,主要体现在以下几个方面:首先,协同治理有助于社会公众民主意识的增强和民主参与能力的提升;其次,协同治理有助于政府职能转换的推进和服务型政府的达成;再次,协同治理有助于政府主导的公共物品和公共服务的优质提供;此外,协同治理有助于公共政策的优化和政策效能的实现。国内学者俞可平认为,好的治理意味着它是追求公共利益最大化的社会管理过程,是政府与公民对公共生活的合作管理,是政治国家与公民社会的一种新颖关系。颜家华和吕炜通过对协商治理、协作治理、协同治理与合作治理的概念及其关系的辨析得出结论,在治理体系上,协同治理既涵盖了协商治理的风险沟通与利益兼顾机制,又包括了协作治理的法律保障机制与监督约束机制。协同治理兼具了协商治理决策制定过程中民主的理性说服和协作治理多元主体共享权力、资源实现共同利益的分权治理优势,既强调通过理性最大限度满足所有利益相关者的愿望,又强调通过共享权力保证整个系统的稳定有序而实现整体增值,是对原有社会治理范式的超越与发展。李辉和任晓春认为,协同治理旨在强调并非为了合作而合作,实现整体功能大于局部功能之和,以及形成新的有序结构,这才是治理应强调的价值,为克服公共管理碎片化,实现整体性公共服务提供观念指导。张贤明认为:作为一种新型治理策略,协同治理的重要价值在于能够通过鼓励公民参与,使新兴民主得以巩固、衰退型民主能够复兴,并通过多元协同提升公共物品和公共服务的供给质量。王绍刚认为公民参与社团可以培育合作习惯和公共精神,培育互信、互惠、温和、妥协、谅解、宽容的品性,培育与人交往、共事的交流技能。在我国当前的社会治理实践中,实施协同治理不仅能够创新社会治理的方式,也能够激发非政府组织和社会群众参与公共事务的积极性和活力。

协同治理时代的全面到来,是学校教育无法回避的。"两自一包"改革强调"三权下放",即自主招聘教师是改革的核心制度设计,自主管理学校是改革的基本内容,经费总额包干是改革的保障。学校"协同治理"强调,在政府的支持下,以学校为主导,多方协同、合作竞争,以实现共同目标的良性治理模式,有利于协调和均衡不同主体之间的利益。"两自一包"模式为促进学校的协同治理结构的变革提供了有益的探索:推行扁平化管理,实施"五会议事"制度,大幅提高了教师对组织的认同性,学校组织机构权责结构的合法性得以确认,更有利于学校、家庭和社区三方互动合作,充分发挥协同效用,形成"1+1+1>3"的效果。因此在"两自一包"背景下完善协同治理体系有利于为学校发展营造自由、有序的内外部环境,激发参与者的创造力、学习力,使治理能力更好地转化为治理效能。

三、学校建立"协同"治理体系的可行性论证

(一)建立以协商对话方式为主的决策机制的依据

2016年教育部印发了《依法治教实施纲要(2016—2020年)》,文件充分论证了学校实施现代化教育治理的可行性,推动科学民主决策提出了更加明确的要求。文件指出要推进学校决策科学化、民主化、法治化,健全依法决策机制,在重大决策中,全面落实公众参与、专家论证、风险评估、合法性审查和集体讨论决定的程序要求,确保决策制度科学、程序正当、过程公开、责任明确。事关教育发展全局和涉及群众切身利益的重大决策事项,应当广泛听取意见,并建立重大教育决策事项的民意调查制度。

教育治理这一概念具有显著的民主化、法治化、理性化(科学化)特征,它是对传统教育管理方式的超越,是教育管理民主化的集中体现,是教育管理的现代形态,其优越性在于多元主体的民主参与。为进一步实现学校治理现代化,"两自一包"制度改革让学校获得了充分的自主管理权,学校管理者、各项工作的参与者成为治理的主体,这便是自治与共治的基础。学校依据各项工作性质的差异可以划分出不同的治理主体,在教育治理的框架下,以制度规范各治理主体的权力范围,以协商对话的方式参与学校重大事项的决策,即在决策和管理的过程中,多个治理主体以共识为导向,正式地、协商性地进行集体决策的过程,使各治理主体跨越边界,建设性地参与进来,以实现共同的目标。建立协商对话的方式为主的决策机制,是协同治理的一种外显表现。在教育治理体系中,治理的运作模式是复合的、合作的、包容的,以"协商"消减各治理主体之间发生冲突的可能性,用"对话"达成共赢善治的联动合作关系,让多种不同的教育利益诉求都能得到充分表达,治理行为的合理性受到更多重视,其有效性大大增加,教育决策、教育政策与教育立法得到充分讨论与论证,学校治理的目标就能最终得以实现。

（二）建构学校、家庭、社会合作共建机制的依据

学校是传承文化、培养人才的重要阵地,家庭是人成长、生存的首要园地,社会是人谋生发展、相互交往的基本环境,三者构成促进人全面发展的基础链环。党和国家高度重视学校、家庭、社会三方的协同育人工作,党的十九届五中全会明确提出建设高质量教育体系,"健全学校家庭社会协同育人机制";2021年全国"两会"又明确提出要"构建覆盖城乡的家庭教育指导服务体系,健全学校家庭社会协同育人机制";2021年12月6日,教育部颁布了《中华人民共和国家庭教育促进法》,明确了家庭教育以立德树人为根本任务,坚持育人目标与学校同向同行,并推动完善家校社衔接配合机制,形成学校、家庭、社会协同育人有效模式。会同妇联等部门协同推进覆盖城乡的家庭教育指导服务体系建设,依托家长学校和家庭教育指导服务站点,积极为公益性家庭教育指导服务活动提供支持。构建学校、家庭、社会协同育人的局面,《中华人民共和国家庭教育促进法》的出台标志着家庭教育全面纳入法治实施轨道,也预示着学校与家庭关系的进一步深化,进一步对学校实施现代化治理提出了新的要求,要通过指导增强家庭在教育中的作用,把家庭教育纳入学校现代化治理的一环。一系列政策文件的制定出台,反映了人民群众对教育现实需求的发展性和时代性,也反映出学校、家庭、社会协同育人机制建设进入新的时期,推动学校制度现代化是学校适应时代发展的重要标志。现代学校制度要求构建学校、家庭和社会之间的新型关系,其中内含的社会参与、民主管理等要求体现了教育治理的共治本质。从家校合作逐渐拓展为学校、家庭、社会协同育人,这种高度的一致性与学校协同治理形成了呼应,把协同育人的作用嵌入到学校治理中,为协同育人提供了有效的制度保障,有助于提高社会、家庭在教育治理中的参与度,增强了学校治理的回应性、透明度和公平度。

可以说,现代学校制度建设为学校、家庭、社会协同育人提供了重要的契机。学校、家庭、社会作为协同育人的三个不同主体,在教育目的理念、手段方法、优势特点等方面不尽相同,职责任务存在阶段性、专业性的差异。家庭教育贯穿始终、融于生活,学校教育分阶段培养、专业性强,社会教育散点支持、丰富多样。要发挥出三者的优势,将育人作用最大化,就要把三个教育主体协同起来,弥合彼此的分歧,发挥各自的优势,作出各自的贡献,实现育人功能的整体优化,服务于学生全面发展和立德树人的根本目标,这需要依靠一套有效的共

建机制加以解决。建构系统的学校、家庭、社会协同育人机制是现代化学校治理体系的重要组成部分。

　　综上所述，教育治理的突出特征是多主体参与的合作管理、共同管理、共同治理。参与管理的主体已经不只是政府部门，而是包括各种非政府组织、各种社会团体、私人部门、公民个人在内的多元主体。治理也不是作为单一主体的学校集中管理，而是学校、家庭、社会等多元主体参与的民主化管理。通过"共治"和"善治"的路径最终实现学校公共利益最大化的目标，满足治理主体对于学校发展的期待体现出现代化治理的有效性、回应性、稳定性，以及参与、公正、廉洁、透明、问责等特点。通过协同治理实现共同目标的过程是积极的，它具有创造性，可以使协同更加有效、能够引起变革、带来有益成果。

第二章

创生协同治理实践之策

本章阐述学校协同治理机制创生的整体思路。第一节从践行改革观念的角度出发,结合学校协同治理机制建设的现实情况,梳理分析学校如何实施协同治理机制顶层设计,阐述协同治理机制的理念文化。第二节从学校协同治理机制建设的现实历程分析出发,梳理分析学校必须确立现代治理机制的目标意识,锚定协同治理机制的构建方向。第三节从学校内外多元主体的价值冲突分析出发,以学校疏解各方主题价值冲突为例,深入阐述协同治理多元主体协调策略。第四节从学校激励机制建设的角度出发,解构协同治理机制内在逻辑,深入探索学校办学活力和教师干事动力如何持续释放。第五节从现代学校治理机制中监督反馈系统建设的角度出发,深入阐述如何构建科学合理的评价制度。

推进现代学校协同治理,首先要明确协同治理的实践主体,其次要构建切实可行的协同治理模式,最后要营造协同治理的实践氛围。在共融、共建、共治、共享的治理格局中,学校党组织侧重于谋划、决策、监督和保障,校长侧重于管理、组织和实施,多元主体共同参与、建言献策,发挥民主管理和监督作用,最终形成决策科学、多元参与、职责明晰、公开透明、协调顺畅、运行高效、监督有力的现代学校治理机制。

第一节　践行改革观念，实施顶层设计

一、践行改革观念，呼唤"协同治理"

在推进治理体系和治理能力现代化过程中，教育治理现代化是国家治理现代化的根基，尤其需要注意把党的集中统一领导和国家治理体系的优势转化为现代学校治理的"效能"，这个效能集中体现在办学活力上。办学活力的激发，对内而言，需逐步优化学校内设机构，积极厘清其权责边界，推进各部门职能、权力、程序、责任等标准化、明晰化，体现放权赋能，让"决策、执行、评价"相对分离又协同共进，促进学校组织和运行流畅，充满活力。对外而言，学校需调动其上下内外各利益相关方的积极性，以学校为主体，政府统领，社会协同，家长参与，结成"治理共同体"，形成共建、共治、共享的新格局。

（一）以"协同治理"价值，践行"两自一包"改革观念

1. "协同治理"更能体现"自主管理"的民主本质

所谓协同治理，是指为实现共同目标对具有不同程度自主性的个人和组织进行指导、控制和协调的一种治理方式。学校的"协同治理"是指学校多治理主体为实现学校发展的共同目标，构建制度化的沟通渠道和参与平台，充分发挥各自优势，并在学校治理过程中形成相互信任、有效参与、反馈调适（评估、分析、调整）的、有序合作的现代学校治理体系。主要强调系统性、动态性、融合性，其有效运行依赖于多重机制的复合作用。所以，学校治理应当充分尊重学校各治理主体（教师、家长等）的权利，只有让治理主体参与到学校公共事务的治理中，才能实现"自主管理"的民主本质，才能体现社会主义民主的本质。

2. "协同治理"更能体现"自主管理"的决策有效性

"协同治理强调公共治理过程中的公民理性及其作用，因此也是一种新型

的参与式治理。"这就要求鼓励教师及家长参与到学校的"民主选举、民主决策、民主管理和民主监督"中。实施"两自一包"改革后,"自主招聘""经费包干"改变了传统中"公招"教师和"人员经费和公用经费"使用固有模式,实行"自主管理"。如果学校不应用"协同治理"理念,建立充分体现民主意愿的学校章程和制度,并让大家参与到按章程制度执行的民主的管理工程中,而只是少数人或个别人说了算,教师只是被动执行,那么这既不能体现"两自一包"改革的精神实质,也不能让学校决策的公平性、公正性进行展现。教师参与讨论而形成的决定,自然在教师中具有更高的合法性,在执行中也更容易得到大家的配合。特别是协同治理鼓励教师参与涉及大家切身利益的讨论,尽管不是每个教师都参与最后的决策,但通过这种讨论、协商,教师对关系大家切身利益的事务决策过程会有一定了解,这会促使他们用更加理解、包容的态度对待决策,为最终的政策执行营造一个良好的环境。

3."协同治理"更有助于促进学校的和谐发展

在学校治理中,各治理主体的利益矛盾交织在一起,其实各主体的利益矛盾归根到底在于彼此之间存在不同的利益诉求或立场。"校务委员会""教代会""家长委员会"等民主协商平台与机制的建立,有利于各主体充分表达自己的利益诉求,彼此尊重倾听,彼此表达意愿,辨明合理性、可行性,促进他人信服,转变个人偏好,在公共利益最大化的基础上消除矛盾和分歧,达成合作共识。同时,协同治理既注重教师的直接参与权利,也强调干部角色的转变。学校干部与教师直接地、面对面地就学校集体事务进行讨论、协商,在此基础上形成最后的决策。这样形成的决策更能反映教师的意愿和诉求,增强教师对学校公共权力回应自己诉求的感知。这样有利于促进学校各主体间构建信任关系,从而促进和谐美好校园的创建。

(二)以"协同治理"内涵,赋予现代学校制度建设目标

1.转变协同治理思路,实现依法治校

现代学校制度改革下,学校协同治理的目的是建设依法办学、自主管理、民主监督、社会参与的现代学校制度,转变协同治理思路是推动改革的第一步。依法治校的核心和关键要求政府简政放权,扩大学校办学自主权,这并非意味着剥夺政府在教育领域的管理角色。政府依然承担着确立教育发展目标、方向、

标准的重任,为多方主体参与协同治理提供行动目标和行为准则。办学自主权只是办好学校的前提,能否科学有效地运用办学自主权与学校自身的治理能力密切相关。从依附到自主,实现学校自治,是协同治理变革的重点。学校层面的自治是指教师、学生、家长等利益相关者充分参与、教育专业组织积极介入的协同共治,从而实现各方利益均衡,保障治理过程公平。

2. 转变治理主体单一,实现治理主体的多元

学校协同治理体系建构必须协调各要素之间的关系,确保其协同治理功能的充分发挥。因此,学校应该建设分权的治理机制,确保治理主体之间相互制衡与监督,即治理主体由"单治"变为"共治",保障治理主体的多元化,从而逐步形成学校治理多元主体健康运行的态势,充分发挥各种权力的优势,消弭多元主体权力之间的冲突和张力,从而实现一个能自我调节、自我修复、和谐共生的协同治理机制和权力生态系统。在学校协同治理的推动下,各级中小学内部的治理主体应包括书记、校长、党员大会、教代会、校务委员会、学术委员会、少代会、家长委员会等。学校应将决策权、执行权和监督权下放至不同的主体,让各治理主体在不同岗位上真正拥有治理决策权力。治理主体多元化能有效实现权力之间的监督与制约,保证学校决策程序和结果的公开和透明。民主合作是多元治理的基本特征,通过多元主体的集体智慧,治理工作围绕多元主体的协同机制顺利运作,治理方式以多元主体协同为要点,治理重心指向多元主体协同的关系协调。无论是协同治理体系建构中各要素的确定,还是体系运作及管理,最终都要指向多元主体协同关系的建构,使学校协同治理体系形成一个明确的轴心,提高学校治理效率。

3. 转变协同治理目标,实现治理体系和治理能力的现代化

学校协同治理的目标在于实现公共利益的最大化,但是治理的主体及其利益诉求却是多元的。因此,在学校协同治理过程中,为了实现教育公共利益的最大化,应缓解各治理主体(学校干部、教师以及家长)间的利益分歧,通过协商达成共识,实现"善治"。学校协同治理体系要求建立更为完善的、成熟的、充满活力的协同治理机制,具体包括现代学校章程、现代学校制度等一系列制度体系;学校协同治理要求执行力强,治理的方式方法透明公开,治理效果更加有效。通过协同治理机制的运行,力争在校园里营造出民主、和谐、宽容、支持的人文氛围,形成以尊重、理解、信任、奉献为核心的人文精神。在教师管理方面,要营造出团结、合作、创新、宽容的教学氛围,激发教师的创造精神,使教师管理由他律变为自律,为广大教师提供努力工作的动力源泉。充满活力的协同治理机制可以促使教师为学校的发展献计献策,教师考虑问题能自觉从学校利益出发,主动协调好内外部各方面的关系,调动各方面的积极因素,建立充满活力的协同治理机制,为学校发展和学生培养创造良好的环境。

二、学校"协同治理"模式的构建

(一)坚持"一个核心"不动摇,确保"协同方向"不改变

党建引领学校治理机制改革,充分发挥党组织政治核心作用。学校党支部是协同治理的领导核心,也是强大推动和保障力量,协同治理促进了学校参与式治理的发展和民主化发展。"两自一包"改革的思想精髓,就是通过"自主招聘、自主管理、经费包干"招到认可学校文化的人,增强干部教师主人翁意识,依法依规积极参与到学校各项治理中,提升教师职业幸福感、认同感,增强学校的办学活力,促进学校办学质量迅速提高,办党和人民满意的学校。

为此,学校将一切工作都置于党的领导下,强化意识形态的引导和重大事项的决策管理,全面落实党"以人民为中心"的思想和全心全意为人民服务的宗旨,充分发挥支部党员的战斗堡垒和先锋示范作用,从根本上解决了党建和业务"两张皮"的问题。

加强党支部的思想建设,破解改革的观念障碍。在实施改革前,在编教师特别担心"有风险",不少教师持观望和怀疑态度。面对改革前的各种阻力,学校党支部充分发挥党的思想政治建设优势,组织学校党员教师积极开展"大学习、大讨论、大调研"活动。通过耐心细致的个别交流和深入的谈心谈话,通过支部大会进行改革的大讨论,党员教师率先认识到改革对学校和个人发展的重要作用,信任党组织的建议,认同了学校的改革方向,实现了思想上的嬗变。在党员教师的带头影响下,其余在编教师相继全部认同,自愿参与了改革。

加强党支部的组织建设,充分发挥支部党员的战斗堡垒和先锋示范作用。面对新的形势和需要,学校坚持不懈地加强党的组织建设,着力建设一支高素质的党员干部教师队伍,为学校改革发展当好先锋队。党支部始终坚持把培养"五好干部""四有好老师"作为改革的重要抓手,实施"祥云头雁工程",通过"党员示范课""党员教研领航员""党员社区讲师""党员示范岗""党员'1+2'""党

员志愿者"等特色项目活动,培养锻炼了一批优秀党员干部教师,充分发挥了党员在改革中的头雁作用,成为优秀青年教师成长路上的"加速器""孵化器"。

加强党支部的制度建设,创新学校协同治理的路径模式。学校按照"核心是民主、重点是参与、关键是公开、监督是保障、主导是支部"原则,通过章程和制度的建设,形成了党组织领导、校长负责、全校各主体齐参与的"协同治理"新格局。结合党支部书记、校长"一肩挑"的实际情况,由各支委委员兼任学校行政,切实做到行政事务与党组织的高效融合。明确党支部与学校各权力机构的职责、议事规则、管理制度、相互关系及学校自主管理权限、决策程序和监督机制等,做到党建制度与学校制度相互融合。在考核体系构建中,将党群团工作和行政工作一同列入考核序列,激发党员教职工工作的积极性。

党的建设可以为学校协同治理提供稳定的组织形式,保障利益相关方的有序参与,保障协商议题不偏离党的路线方针政策,保障学校中心工作顺利开展,整合参与治理的利益相关方,密切协同治理主体之间的关系,确保学校协同治理的方向不改变。

(二)明确"一个目标"不改变,确保"协同治理"更高效

学校在"扁平化"管理下创建师生、家长各治理主体的目标共同体,从动力层面支撑协同治理机制的构建。我们以学校发展的共同目标为引擎,创建出学科教研组共同体、年级共同体、班级管理、家校协同育人、项目化学习等目标共同体88个。各学科通力合作构建"云彩课程"体系,年级组团队协作实践"品格教育",班级共同开展阅读"马拉松"、综合实践活动等,家校协同成立"云朵公益学院",走进社区送教、开设祥云讲堂、组织"好家长"研修班。学校将一切与课程、教师、学生、后勤相关的工作,全部融入目标共同体中,各目标共同体之间同心同力,不断为学校现代化管理提供动能。

(三)搭建"一个平台",确保"协同决策"民主化

现代学校治理的根本思想是一定要将学校的顶层框架搭架好,而顶层架构一定要以"学校章程"为依据,才能建构出依法治校的制度结构。首先,将党组织设立有关内容纳入学校办学章程,实行党组织与行政领导班子成员双向进入、交叉任职。学校着眼于运用系统思维和创新思维对学校党建工作进行深度思考,为学校的发展提供坚强组织保证,进行顶层设计和整体布局,明确学校党

组织的堡垒作用。其次,建立"五会议事"决策制度,确定协同治理的权力结构(图2-1)。"五会"具体包括学校行政会、校务委员会、教师代表大会、学术委员会和家长委员会。通过以上五个会议,建立"五会议事"制度,全方位考虑学校各治理主体的权利和义务,针对不同的问题、不同的需要召开不同的会议,听取不同主体的意见和建议,讨论和协商出各项协商主题最后的决策意见。"五会议事"作为学校的决策平台,比较好地体现了"民主决策"的协同治理精神,但还不够充分,还需要搭建一些"特色微型平台",如"网络协商会"可以,高效便捷地协商各种突发又不便集中开会的事项,"年级议事会"可以协商解决好各年级内部的矛盾,"家长圆桌会"可就家长关心的问题作主题协商等。

同时根据学校实际对各职能部门进行全面整合,将原有的职能部门调整为协同发展中心、教师服务中心、学生服务中心、课程服务中心、资源服务中心。建立以党支部领导下"五会议事"决策机制,明确"五会"的地位、产生、权责,确立"五会"的议事程序,构建起决策制度"骨架"。

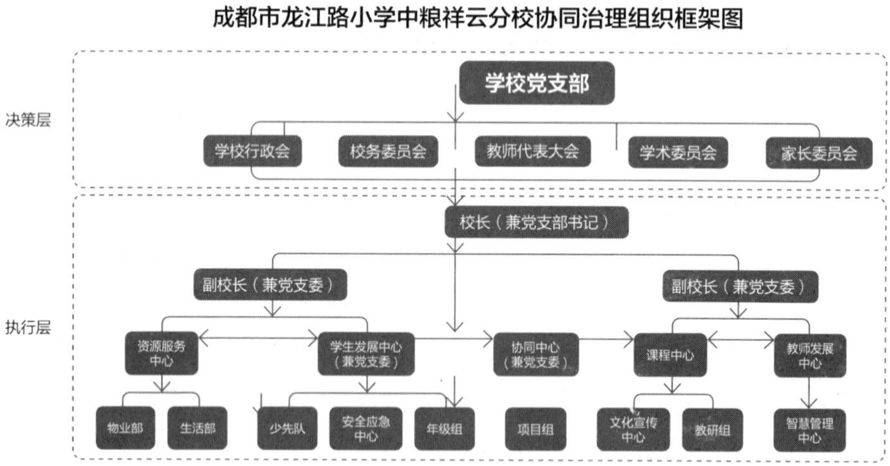

成都市龙江路小学中粮祥云分校协同治理组织框架图

图2-1 学校内部组织结构图

(四)创新"四项举措",确保"协同行为"更有效

学校各治理主体不仅是决策的参与者,也是执行决策的重要参与者。学校鼓励教师及家长积极参与学校自主管理,健全完善培养机制,让每一位教师走向舞台的中央。教师和家长只有参与到相应的学校事务治理中,才能真正体现社会主义的民主本质。

1. "岗位管理"激励机制，激活力

通过教师自聘建立岗位激励机制，针对学生人数快速增长、教师师资短缺、教学质量不高等问题，下放教师招聘权，由原来的编制管理转变为岗位自主竞聘。学校根据工作需要和人力资源标准，根据工作需要和岗位需求拟定具体招聘计划，上报上级主管部门审核后由学校自主招聘。学校通过自主招聘，不仅可有效解决师资短缺、教学质量不稳定等问题；而且可精准选拔所需人才，激发工作热情，有效提高教育教学质量。学校坚持"以尊重赢得每一位教师的支持"，用思想促进行动，用行动凝聚共识，开展在编教师"锁编"工作，解决两类教师"身份不同"问题，建立平等互助的同事关系。采取"按需设岗、竞聘上岗、以岗定酬"原则，全体教师签订岗位聘用合同，校聘教师、有编制的教师均统一纳入岗位管理，并且一年一考核，考核结果作为合同续聘和岗位调整的依据，真正实现教师考核管理从"身份管理"到"岗位管理"的转变，充分激发全体教师干事创业的积极性。

2. "项目参与"激励机制，促合力

学校实行项目管理机制，充分激发教师职业动能和学校发展活力。学校事务按照项目打包，公开征集执行团队，学校保障项目经费，并记录工作量，作为发放奖励工资的参考，调动每一位教师的积极性和创造性。教师通过"项目管理"，主动申请专项工作，他们既是工作的执行者也是该项目的管理者，项目执行时坚持开放、竞争、高效、自主的原则。学校安排评审小组检查项目质量，按照项目标准给予考核。各个治理主体勇于变革、敢于创新，带头尝试"重点项目""微改革""微科研"项目，积极务实将教育教学活动中值得研究的范例整理研讨，形成项目从开始立项到结题考核闭环运行机制，促使其由被动管理变成学校管理主动参与，形成合力，赋能学校发展。

3. "评优晋升"激励机制，增效力

通过改革职称评审工作，全面打通校聘与在编教师职称评聘与晋升通道。凡是符合条件的教师要经过民主申报、审核小组审核通过、教师述职、民主测评、评审小组评分等一系列程序。学校研制《学校组长职级制实施方案》，推进组长实行职级制，聘任并发放津贴，以年级组长、教研组长的成长带动一线教师的快速成长，从而不断提升学校教学品质（图2-2）。在探索"组长职级"方面，通过细化考核评价指标进行综合考核，组长的能力梯队已逐渐形成。

权重

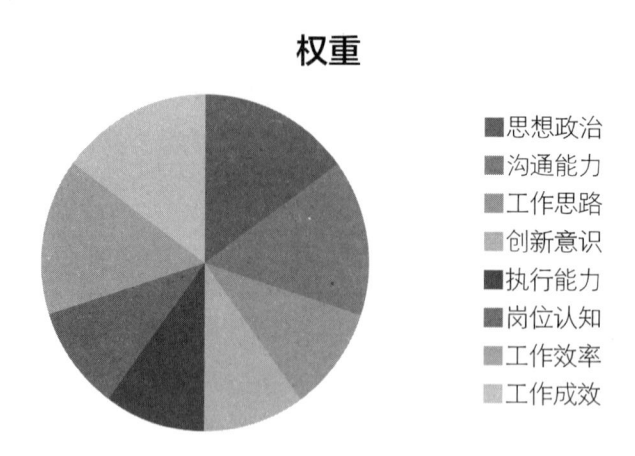

- 思想政治
- 沟通能力
- 工作思路
- 创新意识
- 执行能力
- 岗位认知
- 工作效率
- 工作成效

图 2-2　组长职级晋升考核指标

4. "薪酬分配"激励机制，添动力

按照"保留基本工资，破除绩效奖励，体现岗位贡献"原则。薪酬设计按岗位不同，分类管理。学校建立起科学全面的岗位工资管理机制，着重体现岗位价值和个人贡献。打破平均主义，充分挖掘包干经费的使用效益，以多劳多得、优劳优酬的分配方式激励教师留下。充分发挥绩效工资的杠杆作用，看似是薪酬制度的改革，实质是学校办学理念、方向的变革。在管理上：重岗位、重业绩、重效能；在德行上：重责任、重担当、重风气；在使命上：重人心、重奉献、重感情；在初心上：重稳定、重发展、重未来，最终引导教师遇见最好的自己，实现自我的人生价值。从根本上唤醒教师的内驱力，让教师为学校发展和个人成长努力拼搏。

（五）注重"一公一评"的监督反馈，确保协同评价的科学性

1. 建立公开的预算管理制度

学校成立预算管理小组，年底前由学校和各部门根据下一年的年度计划，在广泛征求教职工意见的基础上，汇总并编制年度财务预算，经党支部审议、校长批准后报教育主管部门审定后实施。年级组、教研组、各中心负责人为预算执行的第一责任人，财务主管负责预算内支出的审核工作。年底由预算管理小组针对当年预算编制及执行情况形成综合性评价报告。

2. 完善经费开支公示制度

对人员经费的使用，学校严格按照学校内部管理制度和分配方案进行使

用。学校严格按照《政府采购限额标准》及相关财务规定执行,以"每月一公示,季度一汇报"的方式,定期向教代会通报经费使用情况,并在公示栏向全校教职员工公示。

3. 实施财务审计制度

为确保学校财务工作安全、规范,上级主管部门通过社会招标聘请符合资质要求的会计师事务所对学校的年度预算、财务收支和内控制度建立与执行情况进行专项审计,每年进行一次。同时,建立第三方一年一审计制度,以保障经费依法合理地使用。

4. 建立多元评价机制

为促进协同团队间的实证性协同,学校建立了一套完善的评价机制,创立以能力和贡献为导向的评价机制,鼓励更多的教师参与协同治理。总体上,根据成员组成和岗位职责的不同,评价对象分为一线教师团队、行政团队;针对这两类群体工作机制的差异,构建评价机制是协同治理有效应用的关键。在教师评价机制的探索过程中,形成"5+2考核评价制度",即通过"五个模块"——教育教学、管理岗位、职业认同、综合评价、突出贡献等考核指标,"两个维度"——主观评价与客观评价,综合反映教师年度综合业绩,并将评价结果作为合同续聘和岗位调整的依据。同时借助信息化手段,针对教师的评价制作"数字画像",学校根据各项评价数据,找到差距,精准帮助教师快速成长(图2-3)。

图 2-3　2020—2021 年教师评价制度模型

在行政团队评价机制的探索过程中,针对行政人员的工作性质,依据个人素质、工作能力、工作结果等指标对行政人员进行评价;同时采取自评、同级评、教师评、上级评、下级评等多元化的评价方式。它具有一定的时代性和创新性,能够充分体现科学化、制度化与规范化,同时也能够有效激发出行政干部的内生动力,从而使其更好地为学校服务(图2-4)。

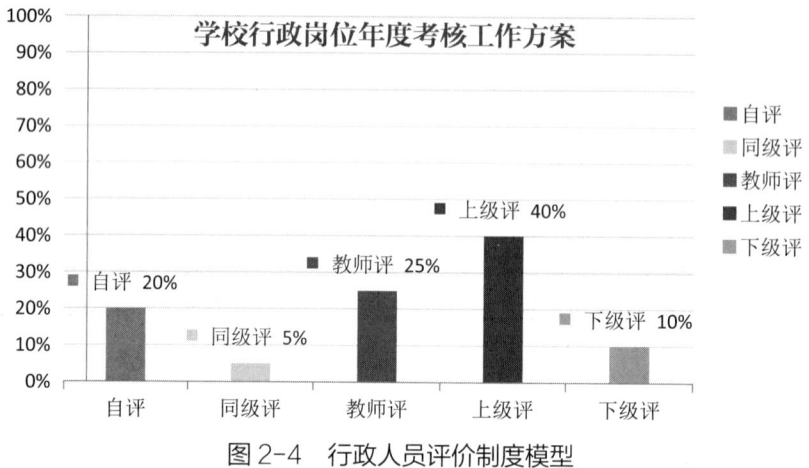

学校行政岗位年度考核工作方案

- 自评 20%
- 同级评 5%
- 教师评 25%
- 上级评 40%
- 下级评 10%

图 2-4　行政人员评价制度模型

5. 建立多角度的评议制度

协同的最终目的,是形成共识后应用到学校治理中并取得理想的成,而是否达到理想效果,教师、家长和学生的满意度才是最重要的检验标准。所以,在协同治理中,一定要特别重视治理效果反馈,采取多角度的评议方式,定期和不定期开展学校公共事项实施过程与结果的民主评议,让学校各类公共事项的决策和实施都能得到监督,确保决策和实施的合法性与有效性。

三、"协同治理"机制运行,特别注重"协同治理"文化构建,真正实现协同共生

积极的协同治理文化促进了多元主体的有效协同参与,影响着治理成果的达成效果,关系到协同治理的可持续发展。"协同文化成长的关键在于协同意识与协同能力的提升。"为此,学校重点从两个方面着力:一是管理层面,学校要加强协同治理制度化和程序化的建设。首先,要建立协同原则:凡是"三重一大",必须先协商后决策再实施,少数服从多数,党组织最后决定。其次,使学校协同制度化、程序化、规范化。建立规章制度,明确协同流程,规范协同环节,

健全监督机构,健全信息公开制度等。二是各治理主体要加强协同意识能力的提升和公共精神的培养。学校要通过各种具体的事件,鼓励教师积极参与协同治理,集中培养各治理主体的协同意识和能力,培养其公共精神,以及获取、理解、运用信息的能力,培养信任、同理心和奉献精神。

(一)重构思想,催生内在的"协同精神",赋予协同文化的"灵魂"

学校将协同制度文本撰写的过程,作为凝聚教师、重构教师思想的导向过程。例如,学校的办学章程和各项制度的制订,都要经历几个程序:责任部门起草—调研—骨干教师研讨—教代会通过。在调研和骨干教师研讨过程中,教师畅所欲言,有什么问题都讲出来。这样可以有效打消教师的顾虑,确认其主人翁地位,并形成良好的文化氛围。在实际确定制度的过程中,教师在思考时,就已经能产生一定的想法了。在初步落实制度时,应该注重制度是否深入人心,能否获得教师的认同,而不是制度的用语是否规范。因此,制度的奥秘就在于制度的精神重于形式,通过制度创新促进学校发展的关键,不是求取制度的形式,而是催生内在的制度精神。

(二)抓住关键,贯彻落实"民主参与"和"责任共担",增强协同文化的"动力"

学校要通过公告栏、QQ群、微信群等平台将相关信息向全体教师实时公开,使每位教师都能够及时知晓信息,始终与自身的自主发展保持密切关联,进而经由参与的过程不断增强自我发展和责任意识。协同责任体系不仅仅是个体自身的责任体系,更多的是与他人相关、协同的责任体系。学校教师个体都扮演着多重角色,不但要做好自己的工作,还需要配合别人协同做好多个任务。在协同中,个体要勇于打破内心的警惕,充分相信自己的同伴,并毫不犹豫地承担起自身岗位职责,并建立对他人负责的信念。从独立分散的责任转变为合作协同的责任体系。协同不仅是要完成自己的任务和目标,还需要帮助并协同完成其他人的任务和目标。因此,学校在岗位设立之初就做了大量的准备工作,提前谋划各个岗位的职责和岗位与岗位之间的职责,在厘清岗位职责的同时还要注重岗位职责边界的融合,因为在传统的组织结构中,各部门之间的界限都清晰可见,人们总能将责任明确地区分开来,也因此造成"这事不归我们管"的困境,制约了组织的效率和创造性。

（三）调节温度，注重"刚性管理"和"人文关怀"相结合，形成协同文化的"纽带"

学校凝聚内生动力，推进协同文化内化于心。在内部研讨以"辩证唯物主义"的角度思考协同文化的建构，将现有的"约束制度"甚至"强制制度"逐渐软化。师生员工在学校中切实感受到来自学校管理制度的温度，使师生们认识到，学校有让他们大展拳脚的机会。例如，在学校薪酬分配方案的制定中，党支部在听取教师意见后，针对校聘教师提出的归属感设定"突出贡献奖"，鼓励教师产生主人翁意识；在思考学校科研改革板块，设置"项目考核奖"，鼓励教师根据自己能力特点与需要尝试"跳起来摘桃子"，刺激各项改革深化。精神层面，学校也为教师设计了"生日假"制度，以及每月半天事假不扣工资的人性化管理。另外对教师的不同需求，将"提供机会、提供支持、提供政策、提供平台、提供培训"作为教师福利的内容予以实现，一切的核心目的均在于让教师体会到祥云是一所有温度的学校。

特别说明：在学校协同文化尚未确立，学校师生员工还没有形成一种向心力和凝聚力的时候，在制定协同制度时就不能一味追求宽松，关键还在于学校硬性制度中所蕴含的精神文化。有了这种精神或文化，硬邦邦的管理制度也会变得有血有肉，硬性的制度条文也会升华为"温暖"的生活哲学，并外显为师生的生活方式。

第二节　树立目标意识，锚定构建方向

2019年2月中共中央、国务院印发了《中国教育现代化2035》，文中明确提出，推进教育现代化的指导思想是要大力推进教育理念、体系、制度、内容、方法、治理现代化,着力提高教育质量。其中推进教育现代化的八大基本理念中提到"更加注重融合发展,更加注重共建共享"。到2035年主要发展目标是建成服务全民终身学习的现代教育体系、普及有质量的学前教育、实现优质均衡的义务教育、形成全社会共同参与的教育治理新格局等。

《中国教育现代化2035》聚焦教育发展的突出问题和薄弱环节,立足当前,着眼长远,重点部署了面向教育现代化的十大战略任务,其中之一是推进教育治理方式变革,加快形成现代化的教育管理与监测体系,推进管理精准化和决策科学化。第十项任务明确指出推进教育治理体系和治理能力现代化。即提高教育法治化水平,构建完备的教育法律法规体系,健全学校办学法律支持体系。健全教育法律实施和监管机制。提升政府管理服务水平,提升政府综合运用法律、标准、信息服务等现代治理手段的能力和水平。健全教育督导体制机制,提高教育督导的权威性和实效性。提高学校自主管理能力,完善学校治理结构,继续加强高等学校章程建设。鼓励民办学校按照非营利性和营利性两种组织属性开展现代学校制度改革创新。推动社会参与教育治理常态化,建立健全社会参与学校管理和教育评价监管机制。

《中国教育现代化2035》明确了实现教育现代化的实施路径,其中提出改革先行,系统推进。充分发挥基层特别是各级各类学校的积极性和创造性,鼓励大胆探索、积极改革创新,形成充满活力、富有效率、更加开放、有利于高质量发展的教育体制机制。

这些政策信息向我们指明了学校发展必须依托于现代制度学校建设,需要以一种新的管理模式、新的治理机制才能促进学校快速且高质量发展。学校"十四五"发展规划(2021—2025年)中提出坚持教育改革,以"两自一包"改革促进学校治理现代化。持续深入"两自一包"教育体制改革,深入探索教师自聘、管理自主、经费使用的创新办法,积极构建完善"协同治理机制",形成"协同治理"新格局,全面激发师生、家长的积极性、主动性和创造性,促进改革的提档升级,进一步激发学校办学活力,最终实现学校治理现代化。

以目标意识为导向,多方参与,携手前进,成都市龙江路小学中粮祥云分校探索运用协同治理模式在现代制度学校建设的征程中进行了有效尝试。

学校坚持深化"两自一包"改革,不断完善制度机制建设,构建协同治理新模式,共融共建共治共享,实现教育高质量发展。党支部主导引领、社会参与共建、教师自治共治,按照"学校统筹、社会支持、行政主导、教师主动、学生参与、家长配合"的模式,整合资源、多元共担,调动各方力量支持、参与改造,实现决策共谋、发展共建、建设共管、效果共评、成果共享、普惠共生。

一、相互支持,建立协调机制,实现共融推进目标

协调,从字面理解为协力调和,使意见一致;从管理学角度来看是能正确处理组织内外各种关系,为组织正常运转创造良好的条件和环境,促进组织目标的实现。协调聚焦到教育领域,就是教育要适应社会经济发展的要求,为社会经济发展培养充足、适用、多样、优秀的人才,并为未来社会经济发展做好人才储备,处理好对内对外关系,是一种良性或理想的教育发展状态。

具体来说,教育中协调的目标就是要优化政府、社会、家庭和学校之间的相互关系,整合各种资源促进教育的良性发展,在健全教育协调发展机制的进程中,促进学校、家庭、社会的协同。教育协调的核心意义在于它是教育公平的重要基础,是让教育改革发展成果更好地惠及最广大人民群众的重要保障,能够让人民群众高质量、个性化的学习需求得到更好满足,对于打破阶层固化、实现共同富裕、促进社会公正具有重要作用。

学校与外部环境的协调关系,主要是与政府、社会、家庭三者之间的相互依存和相互支持。学校与政府的关系,主要是与上级部门武侯区教育局的关系。学校是公办的全日制小学,在政府深化体制机制改革中率先进行"两自一包"改革,学校发展活力得到有效激发,现代学校制度建设水平显著提高。学校在自主创新管理、优化用人机制、合理使用经费等方面都取得了显著成效,教育教学成果凸显。政府督导、学校主导,政府放权、学校用权,两者充分发挥各自的积极性和主动性,共同研究区域范围的教育制度供给,形成教育合力。

学校与家庭、社会形成"三位一体"协同育人体系,联合各方参与,建立政府为主导、家庭为基础、学校为主体、社会为平台、多元化多层次的合作体制和工作机制,形成共同育人的合力。学校发挥主体作用,健全规章制度,形成专业化指导经验、组建家庭教育指导队伍,利用好社会资源,加强对家长的培训,发挥家长主观能动作用。《中华人民共和国家庭教育促进法》的出台,明确了家庭需要发挥的基础性育人功能。家庭要主动配合学校,自觉学习家庭教育知识,对未成年人进行道德品质、身体素质、生活技能、文化修养、行为习惯等方面的

培育、引导和影响。社会要起到辅助配套和实践提升作用,进一步发挥图书馆、博物馆、科技馆、体育场馆等社会场所和社区教育辅导站的作用,为学生成长提供学习实践大课堂,培养学生的社会责任感和实践能力。

怎样协调多方力量?学校在家校共育和校社共治中进行了有效实践。学校成立以校长为组长的家庭教育工作领导小组,德育副校长、教学副校长担任副组长,学生发展中心主任、课程中心主任、教师发展中心主任等为组员。学校将家庭教育工作纳入学校发展的规划和年度工作计划,成为行政会议议事的重要内容,明确工作目标和各项要求。学校成立校级、年级、班级三级家长委员会体系,由校级家委会研究制定家委会章程、工作制度。在校级家委会中设立主席、副主席、组织委员、安全委员、宣传委员、文体委员、生活委员等职务,成为"五会议事"的重要组成部分。学校每期开展一次家长开放日活动。活动中,家长听取专家讲座、参观学生作业、聆听学生上课、观摩学生大课间活动、与教师亲切交流,从不同角度感受孩子的校园学习生活。活动中增进了家长和学校之间的沟通与交流,家长对学校教育、对学校发展变化和取得的成果有了更充分的了解。在新冠肺炎疫情的影响下,学校的此项活动改为线上进行,将学校发展的各项内容定期通过文字、图片、视频等方式展示给家长,进行网上互动交流。

为进一步推动家校共育,提升家庭教育水平,学校创新成立家长学校——"祥云好家长研修班",开设特色家庭教育课程,通过研修的方式培训出更多优秀的学生家长。

校社协调联动才能有效保障学校的安全,才能平稳推进学校的教育教学工作。2021年9月,学校召开了校社联防联控工作会,会议通过了《校社联防联控工作方案》,明确各相关部门的联络人员、责任分工、问题处置流程等,建立起学校、社区、街道、派出所、市场监管所等部门单位共同协调处置机制,进一步加大安全监管力度,促使社校关系更加融洽,解决问题的速度更快、效果更好。

学校外部环境得到调适,内部环境的协调更是重要内容。学校以"学校章程"为核心,建构管理框架体系,总结出协同治理"5411模式"。即"五会议事""四项参与""一公一评"。"五会议事",根据现代学校制度建设要求,在党支部领导下的行政会基础上,成立和完善了校务委员会、家长委员会、教职工代表大会和学术委员会。通过以上五个会议,建立"五会议事"制度,全方位考虑学校各治理主体的权利和义务,针对不同的问题、不同的需要召开不同的会议,听取不同主体的意见和建议,讨论最后的决策方向。"四项参与",教师积极参与到"岗位管理、项目管理、评优晋升和薪酬分配"中,成为心中有数,明确发展目标的人。"一公一评",定期和不定期地开展学校公共事项实施过程与结果的公示和民主评议,让学校各类公共事项的决策和实施都能得到监督,确保决策和实施的合法性与有效性。

以"两自一包"为内核的现代学校制度探索,以"协同治理"为核心的治理方式的变革,尊重人的主体性,解放人的创造性,有效协调了各利益群体的相互关系,使学校与政府、教师、学生、家长、社区形成了一个共建共治共享的命运共同体。通过关系的重建,解决了学校与各参与主体间的边界问题,更加明确了各利益相关体的共同目标,以此形成纽带,融合发展,努力造就充满活力的、向上向善的学校教育格局,实现教育高质量发展。

二、齐抓共管,建立联动机制,实现共建发展目标

联动,顾名思义是指各主体之间应是相互沟通、信息共享、共同决策、共同行动,这里包含着达成共识以及相互理解、相互支持、共享成果和共同发展。教育联动就是要把各种可以利用的教育资源进行整合,让家校之间、学校与社会之间、教师之间、师生之间彼此相互了解,进行有效地联合、互动,向着共同的目标努力。

对于如何进行联动,联动的机制怎样建立,学校进行了有效探索。探索学校章程制定过程报告,可以发现,按照"两自一包"的教育改革精神要求,学校积极调整现代学校共同治理结构,让学校内部行政、教师与校外家长、社区等不同群体进行联动,发挥不同主体的作用共同推动学校建设。

2018年10月完成学校章程的建设工作,主要分三个阶段实施。

第一阶段:制订工作计划阶段(2018年2月—3月)

(1)参照成都市教育局相关文件,总结以往章程建设经验,结合学校的实际发展情况,依据《成都市中小学校章程制定规程》及工作方案为蓝本,制订学校章程建设工作计划。

(2)2018年3月26日,召开章程建设工作计划会议。

第二阶段:章程起草阶段(2018年4月—7月)

（1）根据《成都市中小学校章程制定规程》和本校实际情况,组建成立学校章程制定工作领导小组和工作小组,召开章程工作小组会,开展章程制定或修订工作。

（2）2018年6月29日,召开教职工代表大会,修订学校章程。

（3）2018年7月2日—6日,召开章程工作小组会,审议学校章程。

第三阶段：章程核准阶段（2018年8月—10月）

（1）2018年9月10日,召开行政会,对章程进行审定。

（2）2018年9月14日,聘请专家,听取意见,审议通过新的学校章程。

（3）2018年9月17日,召开行政人员讨论会,对章程讨论稿提出修改意见与建议。

（4）2018年9月21日,召开校务委员审议会,听取家长、社区工作人员的意见,审议学校章程讨论稿。

（5）将行政会、教师大会、校务委员会讨论后的章程审议稿在校内公示5个工作日。

（6）2018年10月,将章程报送至成都市武侯区教育局备案核准。

从学校章程建设工作的三个阶段中我们发现,不同主体各自发挥着重要作用,各方在章程形成的过程中各抒己见,从而存在着多重均衡,具有多条演变途径。既有路径有可能受到某种力量的影响,使其并非按照原有路径进行,这就使路径突破或创造存在可能。同时联动又使各参与者要相互配合,让不同力量汇聚在一起,使得最终的成果更优化。

学校在推进联动机制建设中不断强化工会、教代会的组织和监督作用,形成在党的领导下,工会凝聚团队、教代会参政议政的良好局面。从学校2017年第一届工会委员会改选开始,每年3.8妇女节活动、9.10教师节活动,全校都要举行庆祝仪式。"祥云·遇见最美的你""祥云·许我一身美好""赓续百年初心,担当育人使命"等主题不同、形式多样的活动展现了每一位祥云人的生机活力,每一位教师的快乐和团结向上的精神风貌正是学校管理变革下的真实写照。2021年11月经教育局工会和学校党支部同意,由第二届工会委员会筹备和实施,经过第六次全体会员大会投票选举,顺利完成了第三届工会委员会的改选工作。学校副校长、中层干部、校聘教师共计7位当选为新一届工会委员,委员分工职责更加明确,工作热情更高,一经当选积极筹备期末教师运动会、协助开展学校年度表彰会。

  2018年11月经过全体教师的审议,学校出台了《学校教代会选举方案》、教代会制度,经过民主选举产生了第一届教代会成员代表参与学校重要事项的审议工作。2021年11月,学校在进一步完善选举方案的基础上,经过宣传动员、工会小组民主推荐、全体教师差额投票、党支委审核、结果公示等规范程序,按照票数高低选举出30位学校教代会代表,代表中有学校校级管理人员、中层管理人员、年级组长、骨干教师等。学校教代会代表全体教职员工对学校重大决策进行审议,对学校工作实行民主管理、民主监督,充分发挥教职工的主人翁作用。仅2020年,召开教代会3次,讨论并通过重要方案和制度3项:《教师岗位年度考核工作方案(修订稿)》《成都市龙江路小学中粮祥云分校薪酬分配方案(修订稿)》《学校制度汇编(修订稿)》。

  从学校安全工作相关资料检索中,我们可以发现2021年10月学校对安全管理工作做了重要调整,在重视抓好常态化安全工作的基础上,更加强调部门与部门之间,教师与教师之间的联动。在面对安全工作更高标准更高要求,人员有限的情况下,学校发挥项目岗位设置的制度优势,探索建立了安全应急管理中心,由学生发展中心主任牵头,学校骨干教师担任安全项目岗位负责人。该中心梳理制定工作制度、职责、学期计划,进行常规检查,做好安全档案资料。最重要的是安全应急管理中心将宣传、德育、卫生、食堂、设施设备、安保、心理健康等涉及不同部门不同人员、不同事务的安全工作进行统筹管理,打破了原来做事归做事,谁的工作谁负责的僵化套路,建立联动机制,形成安全工作全校一盘棋。由安全应急管理中心牵头定期召开安全例会,定期排查,分类指导,强化业务部门既要管事务,也要管安全,做到全过程安全生产,有效保障了校园秩序平稳安全。

  学校安全应急管理中心副主任在进行年终工作总结时,这样写道:"虽然我是第一次担任如此重要的岗位,但我没有畏难和退缩。我作为一名体育教师逐步开始熟悉安全工作,慢慢开始有了条理,稳步前进。这学期我们中心一起接待并完成了大大小小的检查十余次。每周一次的安全例会,更好地帮助我们梳理本周工作以及制订下周计划。9月:落实全校教师签订一岗双责安全责任书;完成了校方责任险和学生学平险的购买工作;制定安全应急中心各种制度、职责、构架图。10月:组织召开周边社区、街道办、派出所、消防队等联动工作会,落实职责分工;梳理了安全台账、隐患台账并做好记录。11月:处理消防维保,对消防器材进行检验,组织保安开展消防应急演练。12月:完成监控设备的新增、检验工作;迎接区级消防检查,并做出相应的整改。另外,还有上放学期间安排好值周教师进行站岗,对校门周围小商贩进行劝导,保障校门口安全;每周对学校的校舍及校园周边进行巡查确保校舍安全;完成各种安全网络平台的管理与资料上传;做好安全疏散演练,督促部门具体负责人完善食堂、心理、卫生等各种制度,以及安全自查和资料整理。

我不是一个人在战斗,我们是作为一个团队在维护学校安全,既有意识形态的引领,又有物资设备的管控。在前进的道路上我们还有很多需要学习的,在安全保障上我们还有太多需要做的事情。在前进的道路上难免会遇到各种困难,但是现在的我们有足够的勇气和信心去面对。我们可能不是最优秀的,但是我们一定是最努力的。努力做好本职工作,努力做好各项保障措施,从学校安全大局出发,全力维护安全稳定。我相信,只要努力,在任何工作岗位上都能光彩熠熠。"

学校管理和发展不仅仅是政府、教师、家长的事,也是每一名祥云学子义不容辞的责任,充分体现教育工作者和受教育者的责任感和使命感。学生通过班集体、大队委、大队部等组织,承担义务讲解员、文明劝导员、红领巾宣讲员等不同角色,实现学生日常事务的自主管理。从升旗仪式的小主持,到巡查校园的110,学生全面参与活动和管理事务的全过程,在展示中受锻炼,在活动中受教育,让教育润物无声,让正确的思想价值观入心入脑,取得了良好的教育效果。

他们小小年纪就和教师、家长一起为祥云孩子的发展,发挥自身小主人的管理作用,真正实现了"事事有人做,人人有事做",联合互动,共同参与。

没有谁会独自成功。只有融入团队,紧密联系,又相互支持,一起使力,形成合力才能将学校这一重要的基础教育主阵地共同建设好。

三、自主参与,建立分担机制,实现共治提升目标

分担,分别负担,在事务中担负一部分责任。通俗地讲就是为达到共同的目的,在某一组织完成具体事项中担负一定的责任,完成一定的工作量。分担在经济领域、安全领域运用较多,如成本分担、风险分担等。在教育领域,如何理解和运用分担原理呢?我们在研究中发现,学校管理不能仅由行政人员管

理,其他人完全成为被管理者,这样最终会陷入行政式、命令式的管理当中,教师的工作会陷入被安排的局面,学校的运行则会机械和僵硬,逐渐丧失教育应有的生机和活力。

因此应建立多元主体共同参与、勠力同心、责任共担的分担机制,即通过政府、学校、教师、家长等主体不同角色和功能定位,划定具体责任承担范围,以主动积极的态度,主动谋划,积极行动,各司其职,共同完成,推动学校高质量发展。

一位好校长能带动一所好学校,但如果只有校长在使力,而没有整个团队的共同努力,估计结果也是望洋兴叹。校长是学校的第一责任人,但如果全部的责任都在校长身上,学校其他人员只做事不担责,最终学校肯定也是办不好的。只有有难同当,才能有福同享,真正让教育造福地方市民。

那么在学校现代制度建设过程中,学校分担什么?怎样分担?学校对此进行了有效探索。学校在教育教学基本工作职责认定的基础上,推行项目制管理,保证学校重要事项和重大活动,每一位教师都能参与,并且在参与中还能获得经费。当然根据项目的大小,经费的多少则会不同。近年来,学校一直加强传统文化课程建设,形成了"梦回盛世"传统文化课程。这一课程在推行实施过程中就完全采用了项目制的管理模式,让原本学校安排,学生发展中心几个人要冥思苦想、承担大量工作熬更守夜才能完成,而且完成效果还不一定理想的系列活动内容,变成一群人、一个团队带动全员师生、家长代表共同参与的,年年备受学生期待喜爱的课程。学生发展中心和骨干教师给出课程主题、大体的思路、主要的版块,然后在全校招募项目参与者,一起商议,制定细化方案,进行任务分工,进一步细化流程,完成各项准备,环环相扣,最终呈现一场精彩的传统文化体验之旅。以 2021 年"梦回大秦——云娃寻秦 守法图强"庙会为例,整个项目经费达到 3650 元,教师根据项目类型的不同,承担的责任不同,经费从几十到几百不等。具体项目安排见表 2-1。

表 2-1 "梦回大秦"主题庙会项目汇总表

项目类型	项目内容	项目牵头人	项目负责人
装饰、布展	美术作品的设计、收集、布展	张某	美术组
	班级活动场地布置:各班设计方案、呈现具有大秦特色的活动场地及内容	黄某、王某	各年级组长
	学校门口装饰、租赁服装	黄某	李某

续表

项目类型	项目内容	项目牵头人	项目负责人
文字整理	古诗词的收集、后期视频的整理推送	张某	徐某
	闯关卡设计、收集视频资料、班级过程性资料的收集、印章	张某、黄某	邱某某
	成语故事收集、云里门牌设计、主k设计	张某、黄某	杨某
开场活动	舞蹈：战秦	张某、王某某	舒某、周某
	舞蹈：俑梦	张某、王某某	王某某、王某
	节日表演	张某	蒋某
	诗歌朗诵：《无衣》	张某、王某某	包某、文某、刘某某
	课本剧《商鞅变法》	张某、王某某	刘某某
宣传	现场拍照	张某	董某某
	小视频的录制和制作	张某、王某某	王某
	活动视频的制作、推送视频	张某	董某某、谢某某
其他	学校礼物的购买、售卖、闯关点	张某	谢某、黄某、钟某某、包某某
后期成果推送	后期成果的收集、推送	张某	王某
	全校教案的收集	黄某某	蒋某某

  教师主动参与，责任心增强，效果更加凸显。12月31日的庙会活动当天，全校师生着古装，穿过装饰一新的校门，如同穿越回了大秦时代。"梦回盛世"系列庙会将家国情怀、学校情趣、社会情感融于学习活动过程之中，引导全校师生，在探索中挖掘传统文化的底蕴，在活动中感受传统文化的魅力。

  分担的目的是共同建立责任感，共同面对风险和挑战，以主人翁的意识和姿态面对学校各项事务，同心同力，共同治理，向着目标努力拼搏。

  关于治理的定义，全球治理委员会于1995年对治理做出如下界定：治理是或公或私的个人和机构经营管理相同事务的诸多方式的总和。它是使相互冲突或不同的利益得以调和并且采取联合行动的持续的过程。它包括有权迫使人们服从的正式机构和规章制度，以及种种非正式安排。凡此种种均由人民和机构或者同意，或者认为符合他们的利益而授予其权力。它有四个特征：治理不是一套规则条例，也不是一种活动，而是一个过程；治理的建立不以支配为基础，而以调和为基础；治理同时涉及公、私部门；治理并不意味着是一种正式制度，而是有赖于持续的相互作用。与统治、管制不同，治理指的是一种由共同的目标支持的活动，这些管理活动的主体是政府、非政府组织以及各种私人机构，通过合作、协商、伙伴关系，通过多元的权力向度和共同处理公共事务，来实现共同的目标。

学校共同治理是指为实现学校目标而设定的一整套制度安排，以协调和均衡多主体的利益关系，包括管理机构的设置和利益群体权责的划分。学校在"两自一包"管理体制改革中，随着办学自主权的扩大，不断探索自主管理模式。学校教育目标更加注重教育内涵发展，更加重视学生综合素质的提升。学校共同治理逐步向经验化、制度化转变，权责关系逐渐明晰、结结构逐渐健全，治理效能逐渐显现。

办一所让人民满意的学校，使学校优质资源为更多的居民服务，始终是学校办学发展的重要任务。在武侯区委社治委、区教育局、簇锦街道联合指导下，学校与高碑社区党建融合发展，校社资源整合，为社区发展治理创新服务。学校立足校社发展，畅通沟通渠道，建立分担机制，共同治理，实现校社资源双向利用。首先，学校高度重视，在上级主管部门的指导下成立学校、社区主要负责人统筹协调议事机制。其次，搭建平台，加强沟通。学校教育辅导员、社区文教专干定期对接，街道人员协同参与管理，实现校社信息互报互通，推动各类教育资源互利共建。开放时段，街道办工作人员积极参与学校开放管理，派遣专人定时进行巡查。针对开放人数较多时段，专人负责现场管理；针对团体性进校园活动，街道办严格把关，事前申报、资料审查、人员审核、盖章确认、学校备案，保证开放活动组织有序。学校开放工作街道人员管理登记表记录详实，学校开放工作登记册内容涉及入校人员姓名、证件名称、证件号、进校时间等，记录信息完整。最后高效衔接，品质提升。治理提升工作开展以来，校社对接师资、课程、场地、设施等社区教育资源和培训服务共计50余项，开展家校共育、打造"15分钟公共阅读圈"等治理发展项目8个，促进了校社公共资源的有机整合、高效利用，切实提升了辖区居民的生活品质。学校被评为武侯区十佳社区共驻共建突出贡献单位。

社会对学校办学的认可，很大程度上首先是家长的认可，只有家长更多尽职尽责参与学校教育工作,了解学校,形成家校合力,才能对孩子教育产生更深远的影响。同时家长对学校的发展和学生的成长又起着推波助澜的作用。学校深知这一点,创造性地成立了"祥云好家长研修班",让家长既是受教育者,也是教育工作者。由校长亲自指导的家长研修班在 2017 年的初春开启,至今已进入第六期。研修班采用系统的课程体系,一是分为集中授课和课后学习;二是共同阅读,进行交流分享;三是付诸行动,实践操作。家长们还常通过微信群进行学习实践经验的线上分享交流。在学校的讲师里,有校长、有校外专家、有骨干班主任,更有家长朋友。其中,邱女士是学校 2021 级一名学生家长,从 2017 年开始,她为家长开展了多次讲学。研修班采用系统的课程体系,借助家长智慧与资源,实现着家长与家长思想的碰撞、生命的影响。为给更多的家长提供方便,同时克服时间、场地的限制,以及新冠肺炎疫情的影响,让好家长研修班的受众面不断扩大,从第五期开始,"祥云好家长研修班"升级为 2.0 版本——"好家长云学院"。学校邀请市级优秀班主任、优秀专家等进行专题讲授,并将课程发布在校园微信平台,扩大对家长和社会群体的影响。

为解决多年来校门外道路车辆的拥堵问题,在校级家委会的发动下,成立了家长护卫队,经当地交警部门的同意,对校门口的道路实行上放学高峰时段封闭管理。由每个班级轮流执勤,家长穿着警示服,主动劝解来往车辆规范停车或绕道而行,道路交通得到有效治理,车辆行驶秩序更好,校门周边在学生上放学时段变得安全、放心。家长们的主动参与、示范引领,得到更多家长的支持、理解、参与,家校合作更加紧密,效果更加突显。

学校的发展,离不开政府的关心、社会的支持、家长的配合、教师的参与,也离不开学生自身的付出和责任的担当,这正是学校所培养和需要的。学校充分调动学生积极性,搭建各种培养锻炼学生的平台,指导学生民主参与学校管理工作,最大限度地发挥学生主观能动力,促进学生综合素养的提升。2021 年 10 月 13 日,学校"在党旗下成长"第五次少代会顺利召开,少先队员们传承红色基因,学党史、感党恩,听老红军爷爷讲当年的故事,汲取长征精神的力量。队员们充分行使民主权利,参政议政,共商学校发展大计,共同参与学校问题治理,撰写红领巾小提案 145 份,内容涉及美化厕所行动、午餐的搭配、课间活动项目、校园卫生检查等,既有需要学校教师来解答的问题和采取的措施,也有小队员们建议大队委们应该怎样去做,如何去参与学校管理,如何去协助教师开展活动等。"生生都是小干部",学生的努力为学校治理又增添了一份力量。

在参与管理中心培养孩子的好习惯,学校每层楼都设有舒适的阅读角,随着楼层和孩子的阅读水平的递增,每层楼的书目都有相应的变化。而阅读角实行班级承包制,每周轮班负责,由孩子自行负责整理书籍,由学校大队委进行考评,激发了班级的竞争活力,提高了孩子们的自主管理意识。

每年年终学校有发放教师调查问卷的惯例,这是教师们参与学校治理共建的一种方式。教师们畅所欲言、各抒己见,从不同角度发表自己的意见和建议,推动学校发展。2021年学校制定的调查问卷如下。

成都市龙江路小学中粮祥云分校
"我为祥云发展建言献策"问卷调查

教师姓名:

亲爱的老师:
您是学校的主人,是学校教育教学的组织者和参与者,学校的发展离不开您的参与。为进一步提高学校发展质量,请您们根据自身实际,独立客观完成问卷。

1. 你对学校最满意的三件事情?(不要抽象的概述,要具体的事情)

2. 你对学校最想建议的三件事?(不要抽象的概述,要具体的事情)

3. 下学期,你最想解决的问题是什么?

最后对问卷进行梳理:"你对学校最满意的三件事"163条,"你对学校最想建议的三件事"共206条,"下学期你最想解决的问题"94条。教师们看得很细,说得很准,可见平常随时关注,并积极投身到学校建设发展中。

分担的达成目标是各尽其职,教育治理的直接目标是"善治",即自觉承担责任而达到一种好的治理;其最终目标是"好教育",即建成一个高效、公平、自由、有序的教育新格局,推动教育高质量发展,实现学校的良性发展和师生的良好成长。从学校推进的"两自一包"管理体制改革来看,完善教育治理体系,探索"协同治理"模式确实是推进教育治理的关键。调整优化共治主体的责权利关系,成为解决教育管理中学校教育教学人员不够、学校具体事务管理耗时太多、学校内部治理结构不完善等突出问题的有效方式。

四、同心合力，建立增值机制，实现共享互惠目标

学校在章程、制度中提出：学校全面贯彻党和国家的教育方针，坚持教育为社会主义现代化建设服务，为人民服务。学校实行"教师自聘""自主管理""经费包干"的"两自一包"办学模式。学校实行分权制治理结构。校长办公会、党支部委员会、教职工代表大会、学术委员会、校务委员会、家长委员会共同组成学校权力机构，参与相应决策事项。各治理主体相互配合、相互协调、互相制衡、互相制约，杜绝决策失误或某一方权力过分集中或过度膨胀。以民主的方式推进学校从"管理"走向"治理"，为教育高质量发展奠定机制基础，为学校整体利益增值创造了可能，为优质共享积蓄了资源和力量。

财富的积累离不开增值，增值越多，效果越明显。增值属于经济学术语，在经济学中指投入和最终产品销售价格之间的差距。用在教育领域，增值是学生智力、社会和情感领域的进步，是相对于起始阶段，学生经过学校的教育，各方面素质增长的情况。将这种增值的理念和结果用于对学校、教师和学生的评价，便有了学校效能增值评价、教师增值性评价和增值性学生评价等概念和方法。评价的目的是促进发展，其根本目的也是通过发展实现增值。学校增值机制就是让学校不断积累成果，自觉而有效推动学校向着更加良性的方向进步，不断做大做强学校品牌，扩大辐射和影响，最终让教师和学生受益，惠及社会大众，办成让人民满意的教育。

一座学校发展带来的转变，取得的成果和效益怎样回馈社会？学校在质量提升、做优品牌的过程中，不断深化校社合作，释放能量和活力。学校积极组织师生走进街道社区宣传体育设施开放情况，鼓励市民按要求走进学校参与锻炼，严格按照公告栏公示的开放时间实施开放，年活动人次实现逐年增长，仅2019年1~10月开放人次就达3300多人，举办社区企业、居民篮球运动会2场。学校开放工作社会反响良好，无活动纠纷与投诉，无安全责任事故发生。为民排忧解难，简化开放的手续，学校根据实际情况和市民的要求，在不影响学校教育教学的情况下，建档立卡方便社区居民来校健身。在开放时间里，凡来学校开展健身活动的人员除持有健身卡、身份证外，持有武侯区学习证也可在门卫处进行实名登记，便能进校进行健身活动，体现出学校场地开放的诚意。

学校开展"功能室向市民开放"创新项目,在社区需求调查问卷的基础上,制定《整合学校社区资源 服务社区发展治理——校社联动发展工作方案》,实现了学校形体、音乐等功能教室于放学后向市民开放,创新解决了社区休闲文娱活动场地不足、资源配备不足、管理能力不足等问题。一年的时间里,学校功能室已接待舞蹈、时装走秀、葫芦丝、合唱、书法、篮球等社区自主学习团队10余个,服务社区文艺爱好者1000余人次,进一步满足了社区居民个性化、多元化的学习需求,让居民在家门口就能享受到丰富、优质、便捷的社区教育资源,为区域构建"人人皆学、处处能学、时时可学"终身学习格局发挥了积极作用。

向社区开放的例子,就是学校在增值基础上,发挥自身优势向社会输出、资源共享、成果惠民的真实写照。

共享,是指资源或空间的共同享有及利用。伴随着世界各国开放教育资源项目的不断推陈出新,教育资源"开放"与"共享"的理念被引向了更深入更广泛的层面,由浅层次的可获取性,逐步转变为对资源的使用、修改及重用,以及对成果的共同分享。

随着"两自一包"改革的深化,协同治理所带来的学校环境和精神面貌发生重大变化,学校办学成效也日益凸显。做大的"蛋糕"该如何进行共享?学校着实进行了一番谈论研究。学校依据武侯区委、区政府《关于在我区现有公办学校深化"两自一包"管理体制改革试点的通知》(武委办发〔2018〕17号)文件精神和学校办学章程,结合实际制定了《学校薪酬分配方案》。通过对学校《薪酬分配方案》的解读,我们发现,随着学校的优质发展,教师的年薪收入在"经费包干"的总体机制下,比其他公办学校要高出许多。

学校用好"经费使用权",建立优劳优酬的岗位工资管理机制。学校发展的红利面向每一位教师,已不再区分编制与否,全校按照岗位和贡献进行统一分配,学校每一位努力的人都有机会。鼓励教师长期为学校服务,共同致力于学校的不断成长和可持续发展。

但学校的共享并不是共同平均主义,而是体现"同岗同酬、优质优酬,兼顾公平、多劳多得"的分配原则。充分激发学校办学活力,提升教育教学质量。学校实行岗位结构工资制,以调动教职工积极性。薪酬设计按岗位不同,分类管理。保留基本工资,破除绩效奖励,体现岗位贡献。学校建立起科学全面的岗位工资管理机制,制定"三重一大"会议决策制。着重体现岗位价值和个人贡献,打破平均主义,充分挖掘包干经费的使用效益,多劳多得、优劳优酬的分配方式激励了教师们想要留下来,留下来干事,僵化保守的思想得以破除。这样的分配机制能让老师们充分共享改革带来的红利,激发教师的工作积极性和热情,有利于教师资源的均衡配置。

进入新时代,坚持教育优先发展战略,中国教育事业大幅度向前迈进。学校发展正当时,以凝聚人心、完善人格、开发人力、培育人才、造福人民为工作目标,深化教育改革开放,努力办好人民满意的教育。

随着科技不断发展,以及"互联网+"时代的到来,共享不再仅限于一定的地域空间和群体,而可以更宽泛、更远距离地传递学校的优质资源,发挥学校的品牌价值。在学校与甘孜州白玉县辽西乡中心小学结对帮扶过程中,学校就通过正在实施的智慧教育平台和武侯三顾云网上平台进行远程教育帮扶。学校进行视频连线,同步教研、同步课堂、同步评课,将学校教育教学的实践经验通过教师们的互动交流进行有效分享。

在追求价值的道路上,分享的方式多种多样,抑或物质层面,抑或精神层面。习近平总书记代表十九届中央委员会向大会作报告中表示:"江山就是人民、人民就是江山,打江山、守江山,守的是人民的心。"党坚持全心全意为人民服务的宗旨,以人民为中心的发展理念贯穿于党的执政当中。学校作为人民教育的主阵地,怎样将教育成果服务于人民？不只是保障学生的健康成长,培养学生的创新思维,更要将教育理想、爱的思想传承、传播、传递。成都市龙江路小学中粮祥云分校与时代同频共振,创造性地成立四川省首个校园公益学院——"云朵公益学院",围绕"向上向善"的办学理念,以无私奉献的价值追求,以志愿者服务的行动方式将学校师生的成长成果和学校资源进行分享,将自己的所思、所感、所获进行传递和交流,兑现祥云人的初心和使命,同时也将协同治理的新模式进行了更深层次的表达实践。

志愿服务是社会文明进步的重要标志,是加强精神文明建设、培育和践行社会主义核心价值观的重要内容,是更广泛更深刻更博爱的共享形式,是一种毫不利己专门利人的精神洪流。"云朵公益学院"由学生公益分院、教师公益分院、家长公益分院三个分院组成。分别由学校少先队大队长、协同发展中心主任、家委会主席担任各分院院长,校内校外关系互通,家庭、社区和学校密切联系,各项活动统筹推进,进一步增强了服务他人、服务社会的效能。"云朵公益学院"制定了章程、管理制度、组织章程、招新办法等,进一步规范学校志愿服务的流程和内容,推动建设完善的学校志愿者服务体系,采取"学生、教师、家长联动,学校、社区、社会合作"的发展模式,组织大家从小事做起、从身边事做起、从校园事做起、从社区事做起,弘扬公益精神,参与志愿服务,引导大家在志愿服务过程中深刻认识"友善公益"的天府文化内涵,践行社会主义核心价值观,以实际行动参与"爱成都 迎大运",参与社区治理,促进社会进步。"云朵公益学院"服务的范围包括但不限于校园讲解、秩序维护、学校活动、家校共建、社区服务、文化体育等公益活动,分院之间要求做到相互协助、安全高效地完成各项服务内容。

武侯区簇锦街道、高碑社区等先后成为学校"志愿服务基地",簇锦街道大合仓商圈党群服务中心、高碑社区日间照料中心等成为公益学院的公益行动实践基地。托老中心学生慰问、大悦城里教师快闪、社区院落家长服务……成都市龙江路小学中粮祥云分校及"云朵公益学院"在社区治理的参与度与日俱增,与社区居民、社区孤残幼弱等弱势群体保持友善的互动。这是学校"上善"教育文化浸润和影响的体现。

一个社区成就了一所学校,这所学校与这个社区辉映,这是一种最完美的共生关系。时代有所呼,祥云有所应。过去将近5年来,成都市龙江路小学中粮祥云分校及"云朵公益学院"先后组织了5500多人次的师生家长志愿者,前往社区、学校、街巷、院落,持续深化党建引领下的基层社会治理创新,打造学校社区共融共建共治共享的融合发展平台,有效提升基层现代治理能力,为成都建设践行新发展理念的公园城市示范区做出新的贡献。

从以上学校的实践内容可以看出,学校不再拘泥于原有传统意义校内硬件设施和教育知识信息的共享,而是更高层次的教育价值的输出,教育真善美爱的传播。

在这里,我们可以看到协同治理的组织实施,协同治理的效果呈现,都反映出这所学校在"两自一包"政策制度下,正以蓬勃向上的力量不断探索和实践,不断创新治理机制,团结师生员工、家长及社会各种力量,向着祥云人提出的"十四五"规划目标,勇毅前行。

落实立德树人根本任务,提高教育教学质量,办人民满意的教育。学校锚定目标的定力,实现目标的毅力,正以一种协同善治、和谐共生的方式进行有力展示,是一个可供参考的典型案例,带来的是政府、学校、家庭、社会互惠共享共赢,将会成为很多教育人研究的样本。

第三节　疏解价值冲突,协调多元主体

一、多元主体参与：现代治理理论的应有之义

(一)多元主体参与是学校治理的本质要求和实现善治的根本途径

教育治理是指国家机关、社会组织、利益群体和公民个体,通过一定的制度安排进行合作互动,共同管理教育公共事务的过程。一所学校的治理和发展需要校长、教师、学生、家长、社区等利益相关主体共同参与,逐步完善学校内部治理结构,形成有效的管理体制和良好的运行机制。学校治理的突出特征是多元主体共同参与,即主体的多元化。学校的多元主体民主参与,各主体之间才能形成相互支撑、相互制衡、相互促进的良性关系,才能真正促进学校的良好发展。

我国教育治理的路径和目标是：以转变政府职能为突破口,以构建政府、学校、社会新型关系为核心内容,旨在形成政府宏观管理、学校自主办学、社会广泛参与的格局,更好地调动中央政府和地方政府的积极性,更好地激发每个学校的活力,更好地发挥全社会的作用。

教育治理的重心在于政府管理和学校内部管理两个层面上的社会广泛参与、赋予社会更多的治理权限,以制度化的方式征询民意和集中民智,更好地发挥全社会作用。有学者认为,国家治理体系现代化是指逐步摆脱单一的政府一元管理模式,转而赋予社会更多的自治空间与自治权力,进而实现以法治为保障、以共治为路径、最终实现善的治理。

教育治理中的多元参与,并非多多益善,而是为了在治理中发挥互补作用。在教育治理的框架下,利益相关者和社会组织的作用得以大大彰显,政府与学校的作用也与以往不同。

(二)多元主体参与是"两自一包"学校建设的前提

我国学者俞可平认为,善治离不开政府,但更离不开公民。善治有赖于公民自愿的合作和对权威的自觉认同。没有公民的积极参与及合作,至多只有善政,而不会有善治。

在2019年全国教育工作会议上,陈宝生指出,要重视落实中小学办学自主权,今年要专门制定落实中小学办学自主权、激发办学活力。2021年颁布的《依法治校——建设现代学校制度实施纲要(征求意见稿)》指出:现代学校制度要求实现政府与学校之间、学校与社会之间,以及学校内部的依法治理,使学校真正成为独立办学主体,实现依法自主发展和自我监督。

在"两自一包"改革下,学校拥有了更多的人权、财权、自主管理权,可以充分实现内部的自治。学校要制定独具特色的自主管理章程、规范各项管理制度等,要充分激发教职员工的工作热情、需要更广泛意义上的学校治理主体参与其中,以实现真正意义上的学校自主管理。

(三)多元主体参与是"两自一包"体制改革的必然要求

教育治理是治理理论在教育管理领域的应用,它的优越性就在于多元主体的民主参与;在充分调动利益相关者积极性的基础上,通过政府、学校、社会共同参与学校公共事务管理,实现教育红利的最大化;其中,治理权力多中心化、治理主体多元化和治理结构的扁平化是实现教育红利最大化的重要机制。作为教育管理方式的创新,"两自一包"改革为学校、学生和家长提供了一个平等交流、合作治理的平台。同时,作为教育治理改革的重要途径,"两自一包"改革更应体现多元参与的现代治理理念。因此,多元主体参与的状态、方式及其制约因素,对于进一步完善"两自一包"具有非常重要的意义。离开了多元主体参与的"两自一包"不能算作是真正意义上的学校自治。

二、超越固有范式,走向多元主体参与的学校共治

党的十八大三中全会确立了推进国家治理体系和治理能力现代化的改革

目标。党的十九大报告再次强调：新时代中国特色社会主义全面深化改革总目标是完善和发展中国特色社会主义制度、推进国家治理体系和治理能力现代化。

推进学校教育治理现代化是新时代中国特色社会主义教育治理现代化的必然要求。《国家中长期教育改革和发展规划纲要（2010—2020年）》也明确提出要"建设依法办学、自主管理、民主监督、社会参与的现代学校制度"，为推进现代教育治理体系建设指明了方向。

在"两自一包"改革过程中，要超越固有的学校治理范式，要增强学校办学的活力，为纵深发展打下坚实的人力资源基础，就必须加大教育办学体制、人事体制、管理体制等方面的改革力度，突破旧的思想观念的束缚，要走向多元主体参与的学校共治。

（一）创新整合共建共享的社会资源平台

学校治理是内部治理和外部治理的统一。要实现学校变革，推进学校治理的共建共享和协同创新，首先需要明确学校治理的多元主体和多方社会资源，实现校内外人、财、物的创新整合和高效统一。

学校努力调动校内教师和学生的积极性，并充分挖掘和利用校内的各种资源，实现多种资源的有效对接，提升资源利用效率。

改革初期，学校率先召开了在编教师的座谈会。面对全新的政策和前所未有的变革，体制内的教师们各抒己见。面对老师们的各种疑虑、担心，黄成凤校长告诉行政班子在改革的面前一定要沉着冷静，要做好基层主流的认识和理解工作，加强党员干部的思想革新，深入教师队伍广泛了解老师们的想法，耐心细致地与教师进行沟通。

学校从教师发展和切身利益出发，认真分析了目前教育体制的弊端和改革的迫切需求，也从教师自身专业发展方面与老师们一同进行规划，并展望了改革的前景。机遇与挑战并存，当老师们真正从内心认可了改革，并从心底里支持这项改革，才真正打开了通向"两自一包"的道路。年轻的英语老师邱博爱回忆说："在全校大会上，学校领导一直鼓励我们，不断地告诉我们这个方案的可行性、优势、对基层教师团队的好处……后来，我看到"两自一包"的实施，激活了办学理念，激活了教师队伍，整个学校发生了巨大的变化。"

2018年，学校教师平均年龄在31岁，教师团队年轻、学历普遍较高，不少教师兴趣爱好广泛。这支年轻的队伍蕴含着丰富的可开发的资源。"两自一包"改革开始后，学校也经常召开意见调查会。每一项新的工作开展前，学校都会认真听取老师们的建议。不少教师思路开阔、富有创新精神，常常能为学校的发展出些好点子。每学期，学校也将广泛征求意见，就学校的各部门工作进行调研，及时发现问题，并不断改进工作方法。尤其是学校的项目制实施过后，老师们得到了更多的参与学校事务的机会。正如老师们所说：有一种力量正蓄势待发；所有的老师铆足了劲儿，争取一切学习的机会，不断丰富自己的专业知识，不断提高专业技能，不断变革课堂教学。因为我们有了一样的机会，得到了一样的尊重，有了一样的发展平台，教师的潜能被激发，在学校这个大舞台上每个人努力绽放出自己的光彩。校内的各种资源得到了充分的挖掘和利用，多种资源实现有效对接，提升了资源利用的效率。

通过家长开放日、家委会会议等活动，家长也走进校园了解学校工作，并将自己的建议和想法与学校进行交流互动。学校各班设有家长会员会、学校设有校级家长委员会、并开办起家长学校，家长们的意见和想法有了畅通的渠道可以交流。学校校务委员会也有家长加入，对学校的校务既有发言权，也有监督权，不少家长通过正常的渠道参与学校公共事务，为学校发展提出了建设性意见，起到非常好的效果。

2017级学生G同学的妈妈是学校公益学院的副院长。同时，她是学校家委会成员之一。郭妈妈是一名幼儿园负责人，在学校少先队活动中常常提出建设性意见，她利用丰富的社区资源为学生开展公益活动提供了各种形式的平台，也策划起各种形式的公益活动、社区活动，让孩子们走进社区、了解周围的生活环境。和学校老师们一起为学生的社会实践活动提供了丰富的资源。2018级学生Z同学的爸爸是学校校务委员会成员。他是一名教育咨询方面的专家。他也常常到学校参与各种形式的策划活动，在学校制度建设、教育科研、平台搭建、经验总结等方面都提出了多建设性意见。像这样的家长还有很多。他们活跃在学校的各项事务中，为学校的发展、为班级建设，也为学生的成长打开了通道，起到了非常重要的作用。

学校治理并非只是学校自身的事情，它还有许多外部的利益相关者，其发展也离不开外部社会的支持。学校积极打通社会资源，建立与社区联动的机制，探索家校社合作的模式,充分发挥社区积极性,听取社会各界人士对学校的发展意见,不断改进和创造性开展学校活动。

不仅如此,还实现了校内与校外资源的融通与互换,打造多领域多层次多样态的社会资源平台,凝聚智慧、形成合力,助推现代学校的共建共享和协同治理。

(二)建立完善共建共享的资源协作机制

推进现代学校治理和共建共享,不仅需要整合社会资源,而且需要构建共建共享的社会资源协作机制和运行机制。在这一点上,共建共享是目标,资源协作是路径。一方面要把共建共享的理念贯彻到资源协作中去,另一方面又要通过资源协作来,推进共建共享的进程。为了达到这一目标,学校积极统筹政府资源、社会资源、家长资源和学校资源,逐步建立起以政府治理、社会调节、家长自治和学校治理等为主的多层面协作机制,充分调动多元的社会力量,让大家携起手来,在推进现代学校治理的过程中,做到共同参与、共同治理。

一是学校建设中的共建共享不仅强调共建的资源协作机制培育,更注重共享的资源协作机制构建,即建立治理成果的资源共享平台和资源共享机制。学校修订章程、完善各项制度,初步构建形成了较为完善全面的现代学校制度体系。从传统的科层制管理走向扁平化管理。从传统的单一行政人员管理走向多元合作治理。让更多的学校教育相关方参与到学校教育的治理中来。建立起由校长、教师代表、学生代表、家长代表、社区代表参与的多元合作治理框架。初步形成"五会议事"的分权治理结构,杜绝决策失误或某一方权力过分集中或过度膨胀。

二是学校重构现代教育治理工具。为提高我校的教育行政治理效能,学校开始运用现代教育治理手段,不断加强依法治理。学校用党建工作全面引领学校工作,把党建与日常教学相融合,把党建与师德教育相融合,把党建与教学研究相融合,把党建与校园文化相融合,实现学校的提质创优发展;用大数据信息化治理,运用数据画像手段促进教师专业成长,运用清华附小、一师一优课等平台提升教师专业发展;同时,学校加强了第三方专业化治理,每年聘请专业的第三方机构对学校财务等工作进行审计,以确保各项工作的正确、有序、高效地开展。这样,学校逐步从单一的行政治理走向多元专业治理。

三是学校对各种主体的责任、权力进行明确的定位,形成相互支撑、相互制衡、相互促进的内部结构。学校有负责发展方向的决策机构,有负责落实的执行机构,有负责纠偏的监督机构,有代表教职工利益的民意机构,有负责方针、政策、法规在学校落实的党组织机构,这五个机构权责明确、相互制衡,构成了合理的学校管理体制。学校在深化"两自一包"改革过程中,不断推动现代学校制度体系建设,探索出了党组织领导下的"5411协同治理"新模式。"五会议事",为学校治理赋权,明确了党支部领导下的行政会是学校管理决策机构,成立了校务委员会、家长委员会、教职工代表大会和学术委员会,共同搭建"五会议事"制度,全方位考虑学校各治理主体的权利和义务。"四项参与",让老师们参与到岗位管理、项目管理、评优晋升和薪酬分配等重要事项中,培养教师主人翁意识,为自主管理赋能。"一公一评",净化师德师风,廉洁从教。定期和不定期地开展学校公共事项实施过程与结果的公示和民主评议,让学校各类公共事项的决策和实施都能得到监督,确保决策和实施的合法性与有效性。

四是学校设立了"一办五中心":协同中心、教师发展服务中心、学生发展服务中心、课程服务中心、资源服务中心。强化协商共治,保障自主管理的民主性、规范性、合法性。各办公室与中心重新明确并制定了职责分工,减少了学校管理的行政层级,使得师生利益诉求反映的渠道更直接更便捷。

(三)制定共建共享的资源评估指标体系

学校建设的诸多社会资源和利益相关者并不是一成不变的,而是动态的、发展的、变化的。因此,各类社会资源的价值本身和使用效率就成为影响学校共建共享质量和协同治理效果的重要因素,这就需要制订社会资源评估指标体系,以加强对各类社会资源的监测与评估,不断优化资源结构,调整资源配比,发展优质资源,淘汰劣质资源,提升资源使用效率。

这一指标体系既包括人、财、物等协同治理视野下的学校变革,如特征、诉求与路径面,也包括政府、社会、家长、学校等不同层面。在指标体系上,应包含资源数量、资源质量、资源与学校治理匹配度、资源与学校发展相关度、资源使用效率、资源使用时间、资源满意度调查等指标。在社区资源的整合上,应看到社区有着多元的群体力量和多元的资源要素,包括社区的积极分子、憧憬小区美好生活的房屋业主、基层的工青妇群团、各种民间志愿者、社会组织、社区网络群、社区微信群,等等,但这些资源难免出现一些负面因素,因此,及时消除这些负面影响,以化解其对学校治理的不利因素,至关重要,而这就离不开资源评估指标体系的建设。

无论是学校、教师,还是学生、家长和社区,都是这场改革中最重要的利益相关者;学校的问题、学校的需求和期待,在这场改革中得到充分关注。离开了任何一方的积极参与和支持,改革就会被悬置成一个空壳。学校是改革的基点,教育资源整合过程中不能单向思维,更不能自上而下。学校的资源要尽可能地高效地为教师和学生服务,就要尽量去了解参与主体的需求。学校在开展工作前,会通过调查问卷、走访谈话等方式充分了解需求、获得决策前的准确定位,真正体现重视多元主体的参与,力保学校各项资源的均衡使用和分配,真正促进教师和其他参与主体的积极性,并最终促进学校的良性发展。

第四节　释放持续动力,解构内在逻辑

学校教学工作的主阵地在课堂,而教师是学校课堂教学活动的主要参与人员,教师工作热情的高低、专业能力的强弱都将直接决定自己课堂教学的效果,从而影响学校整体的工作成效。因此,对教师的管理应该成为整个学校管理工作的核心之一。在现阶段的学校管理体系中,我们常常利用严厉的制度和一系列准则来约束教师的行为,但是这种管理方式具有很强的局限性,仅仅能够为教师的行为划定红线,却不能释放教师的干事活力。为了避免这样的现状一直存在,学校必须要及时革新管理的方式,提高管理的效率。作为在成都市武侯区传统学校中首批实施"两自一包"改革的试点学校,学校一直认为激励性制度是最能调动学校内驱力的制度,也在不断尝试利用各种激励机制提高教师的工作积极性,挖掘教师的内在潜能,使其发挥更多的岗位价值。学校需要教师

形成高效率且自愿的工作氛围,团结合作地开展每一项工作。有效的激励不仅能为学校带来更多的便利,还能提升教师的职业幸福感和归属感,保证学校教师的稳定性,从而使学校更加稳定高效地发展。

一、精神激励

(一)荣誉表彰 激发教师工作动力

教师的荣誉可以理解为显性和隐性荣誉。显性荣誉,包括各类评奖、评优选先,各学科类的、专业技术方面的获奖,等等;隐性荣誉,包括对教师专业能力的认同,学校、学科组、年级组等的认可,家长、学生及社会的认同,同时还有教师自身在这一过程中所获得的职业幸福感和成就感。由此看来,教师荣誉感主要指教师在从事教育工作的过程中获得成功的体验和内在感受。教师的荣誉感可以通过学校的考核、评定、表彰、激励等方式获得,同时这也能够提升教师的职业幸福度。

为使制度走向规范化,结合"两自一包"管理体制改革,充分激发学校办学活力,提升教育教学质量,激励广大教师爱岗敬业、教书育人、献身教育事业,学校制定出公正、透明、可操作性的评选机制。

1. 评选制度具有科学性和可操作性

为了使表彰评选设计更具有科学性,学校成立表彰工作领导小组、评选小组和监督小组,并且各司其职。工作领导小组负责对评优推荐工作的方案修订、统筹协调等组织领导工作。评选小组负责按照表彰标准对申报教师的业绩进行打分;评选小组成员将由行政、学术委员会和各学科骨干教师组成。监督小组负责评选过程的监督工作,确保表彰工作公正、公平、公开地进行;监督小组成员将由行政、监督员以及工会成员组成。

制定表彰的评选原则:(1)公平、公正、公开原则。评审过程将按照公平、公正的原则开展,结果将进行公示。(2)当事人回避原则。凡参与申报表彰的,评审时当事人应实行回避制。(3)一票否决原则。本年度,有违反师德的投诉记录并查实造成不良影响的,或发生过重大安全责任事故的,均不得参与申报。在参评过程中,有弄虚作假行为的,经查实,取消评选资格。

2. 评选过程公开透明

坚持实事求是,坚持公正、公平、公开和民主集中制,严格履行规定程序,进行表彰工作。评选过程主要有五个阶段：第一阶段，通过学校线上网络和线下会议的形式宣传动员；第二阶段，教师根据评选范围、条件、标准、名额等进行自主申报；第三阶段，学校各表彰项目评选小组依据评选标准进行评价、满意度测评；第四阶段，学校表彰工作领导小组集中讨论，确定表彰教师人选；第五阶段，学校公示。这一过程将使整个评选制度更加公开、公平、公正，也扩大了评选项目的教师知晓度和影响力。

3. 校本特色奖励机制

为使教师的荣誉评选标准体现教师能力水平，学校从教育教学、科研成果、人才培养、德育素养、行政工作等方面设立了十多种荣誉称号，如教学优秀教师、智慧平台应用优秀教师、教育科研优秀教师、项目式教学优秀教师、优秀班主任、年度新秀、优秀共产党员、品格教育优秀教师、微改革优秀项目组、优秀教研组……鼓励教师多方面发展，从而提高教师的整体素养。

4. 常态化的定期追踪考核

为了加强对荣誉教师专业能力的考核，建立权威的评价体系，提升教师素养，在评选后进行定期追踪考核。

开展建立公开课、教育教学研究、论文发表等评价体系；多方式的评估，从学生问卷调查、公开课、课堂教学、同伴评价等途径更能反映实际情况，从而促进荣誉教师不断提升。

荣誉表彰，一方面，在于激励教师在教育工作中，发挥自己的主动性，发挥教师榜样积极作用；另一方面，教师在获得表彰后能够继续保持先进性、示范性，培养职业认同感的同时，也促进了学校的发展。

（二）职称评审与晋升 让校聘教师更有动力

职称评审与晋升是学校教师队伍建设的重要工作之一。在现在的公立学校当中，职称评审与晋升普遍都存在着指标短缺的问题。为了提高校聘教师的地位，让他们与在编教师有同样的机会进行职称评审与晋升，学校利用"两自一包"教育综合改革的优势，依据教师规模控制数的80%及职称结构比例重新进行了职称岗位设置，指标数大大增加，岗位的重新设置彻底破除了评审指标缺乏的难题，让每一位教师都有机会参与职称评审与晋升。

学校每年十月将启动教师职称的评审申报工作，每一次的职称评审方案都会征求所有教师的意见,待意见一致后再确定实施。职称申报面向所有在岗教师,无论在编还是校聘教师都有资格进行申报,整个过程经过民主申报、审核小组审核通过、教师述职、民主测评、评审小组评分、评审小组推荐、党支部审议等一系列工作后确定教师职称申报推荐人选,并面向全体教师进行公示,公示无异议后进行上报。

长久以来校聘教师的职称都只能评,但从不聘任,兑现岗位工资。为了打破这样的现状,每年五月,学校专门开展针对校聘教师的中高级职称聘任工作,旨在促进学校的发展和教师的成长;这项工作的顺利开展有利于调动广大教师的工作积极性,激励教师出满勤,爱岗敬业,注重师德,钻研业务,更好地教书育人;有利于提高教育教学质量。学校从基础年限、综合成绩、民主测评三个维度对教师进行考核,从而保证一定是对最优秀的校聘教师进行聘任。同时,专业技术职称的聘任也是一个变化、动态的过程,是能上能下的。在这样的机制下,极大地激发了教师的活力,他们参加各种培训的动力更强了,并且不断地更新自己的专业知识和技能,为更进一步的职称晋升提供助推。

二、物质激励

如果说荣誉表彰、职称晋升属于精神激励,这种激励可以实现我们的人生价值,使我们获得尊严,那么物质激励将决定是否满足教师从事教育教学工作基本需要的衣、食、住、行,是调动教师积极性的不可否认的客观动力。因此,在学校财力允许的情况下,可以合理地给教师增加报酬和奖金。这些都是管理中不可忽视的"杠杆"。物质需要的不同满足,是激发教师工作积极性的一个重要因素。在学校,满足教职工物质需要主要表现在工资、奖金、福利等方面。在具体实施过程中,既要考虑到教师的家庭生活状况,又要结合学校工作成绩的大小尽量做到合理、公正。

(一)薪酬分配 激发教师的活力

作为两自一包改革试点学校,为了充分激发学校办学活力,提升教育教学质量,学校实行岗位结构工资制,以调动教职工积极性,体现"同岗同酬、优质优酬,兼顾公平、多劳多得"的分配原则。薪酬设计按岗位的不同类别,实行分类管理,着重体现岗位(或职位)价值和个人贡献。鼓励教师长期为学校服务,共同致力于学校的不断成长和可持续发展。

教师的薪酬待遇主要包括教职工月工资、教职工奖励和教师福利三大部分。

教职工月工资主要包括基本工资、基础绩效工资和项目工资。学校依据在编教师档案工资编制设定教师基本工资,校聘教师的基本工资根据职称情况(以学校聘用为准)参照在编教师相应档案工资标准进行设定。绩效工资则是由课时工资、教龄校龄工资、安全、午餐管理、岗位津贴等部分组成,其中岗位津贴包括班级共同体工作岗位职务津贴、管理岗位职务津贴以及名师津贴。项目工资所指"项目"主要分为三类:一类项目包括学校重大改革项目(承担区级以上的各项活动、校本教材研发、教育教学科研阶段成果、教师承担培训等);二类项目包括承担学校举办的重大活动,参与迎检工作等;三类项目主要包括多岗位兼职、功能室管理员以及临时性工作等。

教职工奖励主要由期末奖、年度工作奖和名师优师奖励构成。教师期末奖由综合考核奖、项目成果奖两部分组成。综合考核奖采取积分制,从教职工个人获奖、教学考核、德育考核三个板块进行积分,再根据个人积分乘以每分奖励金额进行奖励;项目成果奖则是根据当年参与的重大项目工作成果情况进行奖励。年度工作奖则包括教学工作质量奖、督导考核奖、一次性核增奖励。教学工作质量奖每年年初核算,依据学校《教学工作考核方案》,以两个学期教学工作考核总积分为依据,按优、良、合格和不合格四个等级分别给予奖励;督导考核奖根据全年教职工个人获奖积分、教学考核积分、德育考核积分计算出总分,分等级奖励;一次性核增奖励根据教师奖励金总额及教师岗位年度考核后的分数核算发放。名师优师奖励根据教育局相关文件执行。

教师福利包括公积金,保险,教师培训,生育待遇,死亡待遇,探亲假、婚假、丧假期等。

薪酬分配根据学校本身特征、教师人才类型因地制宜、因人制宜,从而使薪酬结构体系更完善。

薪酬分配起到了保障作用。对老师们来说,是对物质需求、生命安全和归属感起到了很大的作用。首先,日常生活得到了保障,在满足吃、穿、住、行等基本生存需要的同时,也满足了老师培训、自我发展的更高层次的需求。其次,这也是一种自我实现价值的象征。

薪酬分配起到了激励作用。教师看重薪酬的保障作用,学校则更看重其激励作用。学校薪酬分配和教师达成了契约,通过各种形式激发、引导和规范教师的行为和工作态度,从而保证学校各项工作和教师自我目标的实现。教师价值与薪酬相连接,教师的成长与薪酬相连接,教师的业绩与薪酬相连接,从而引导教师提高工作质量,在实现自我价值的同时,保障学校各项工作顺利开展。

(二)名师优师 促进骨干教师内驱动

在学校的教师队伍构成当中,骨干教师应是其中的核心,如何调动这部分教师的工作积极性成为了教师队伍建设的重点。学校依据区域政策,建立了名师优师的激励机制,成立了名师优师专项激励管理考核工作领导小组,制定出本校名优师专项激励方案。

学校以促进发展、注重实绩、分类考核、分层考核为原则,一方面对教师在对应岗位的德、能、勤、绩、廉进行综合考核,另一方面对教师的专项业绩进行考核。要求教师要能够展现扎实专业功底、发挥教育教学改革和质量提升引领作用,同时在课题研究、教育论文、教育论著方面起到引领作用,即区级以上名优师应针对教学过程中出现的问题积极开展课题研究,撰写论著论文,促进教育教学科学发展和教育质量可持续提升,鼓励教师参与名优师工作室和其他区域交流活动等。

学校依据考核项目量化打分,考核结果分为优秀、良好、合格和不合格四个等级:总分在80~100分为优秀,70~79分为良好,60~69分为合格,60分以下(不含60分)为不合格。学校将根据考核结果给予对应荣誉称号的奖励。

名师优师工作的顺利推进,让骨干教师有了更强的工作动力,他们乐于学习、努力拼搏,使其骨干作用在平时的教育教学工作中得以凸显。

三、管理激励

在学校里,教师是主体,管理学校的核心就是管理教师。我们在学校各部门的日常管理工作中大量渗透教师激励的理念,从管理上创新了一系列激励教师的机制与项目,充分激活了干部与教师干事的活力。

(一)干部、教师年度考核

量化考核是评价一名教师年度工作效果的重要途径,它的结果直接代表了学校对教师本年度工作成绩的认定,因此每一位教师都十分重视这项考核,力求在考核中获得优秀评价。基于此,学校创新地建立了干部和教师两级年度考核新机制,希望通过考核评价来激发干部、教师的工作热情,提高他们的工作成绩。

行政干部年度考核是围绕干部的个人素质、工作能力、工作结果这三个维度进行考核评价的,它的评价采用自评、同级评、教师评、上级评、下级评五个部分按照一定权重得分进行的,其中同级评采取中层干部之间互评,副校长之间互评的方式进行打分;教师评是全体教师结合行政的实际工作进行不记名打分;上级评是结合实际工作,中层干部分别由分管副校长评价和校长评价两部分评价打分,副校长直接由校长评价进行打分;而下级评则采取副校长由中层干部评价,中层干部由中心部门干事评价的方式进行打分。通过这样多维度、多元的群体评价,能够做到对每一位干部工作的真实评价。

教师年度考核则是围绕教师的教育教学、岗位管理、职业认同、突出贡献这四个维度进行考核评价的。根据教师的工作职责,学校又将教育教学考核分为了德育、教学、个人业绩三个方面;岗位管理分为安全稳定、师德评价、出勤、团队协作、卫生工作五个方面;职业认同分为责任担当、乐于奉献、教师认可、学生(家长)满意四个方面。它的评价则采用考核工作领导小组组织的各维度考核人员进行评价打分的方式进行。

学校在每年的七月初开展干部与教师的年度考核,并将考核结果进行公示,教师可以根据自己各板块的得分及时了解自己工作的成效,以及在学校教师中的得分排名。考核的结果除了与对应的奖励挂钩以外,对合同到期且未达到"优秀"的校聘教师,学校根据行政会研究决定是否续聘;若考核结果达到优秀,也将根据行政会研究续聘年限后,再签订续聘合同;对考核结果未达到"合格"的教师,将对其进行约谈,指出其问题所在,对其进行转岗或待岗培训,实在不能胜任聘任岗位工作的,不再聘用,并按相关程序办理解聘手续。像这样有奖、有惩的激励机制,能够让教师有紧迫感,也能激励教师在以后的工作中不断改进,奋勇争先。通过将评价标准进行细化和量化,能够从数据上真实地反映每位教师在各项工作中的成效,方便教师找出自身的不足,在下一学年进行改进和完善,同时也为学校提供了教师的考核数据,为后续的教师队伍建设提供数据支撑。

（二）项目式管理考核

项目式管理作为"两自一包"学校管理的重点，学校一直在探索如何利用项目式管理考核来激发教师活力。学校将部分工作实行项目管理制，把学校课改任务、校园文化建设、主题活动等按照项目分包到人、责任到人。项目管理分为一类项目、二类项目以及三类项目。一类项目主要指学校重大改革项目，包括承担区级以上的各项活动、校本教材研发、教育教学科研阶段成果、教师承担培训等；二类项目主要指常规项目，包括承担学校举办的重大活动、参与迎检工作等；三类项目主要指临时项目，包括多岗位兼职、功能室管理员以及临时性工作等。通过这样将项目细分，能够很好引导教师主动参与学校改革与建设中，积极推进学校各项工作的特色建设，从而实现学校的共同治理。

学校项目实施的程序包含以下七步。

1. 项目产生

根据学校发展的需要，每学期校长办公会将根据学校的总体工作计划提出工作要求，各中心部门根据学校要求初步拟定具体执行的工作项目，交由学校协同中心汇总，最后经校长办公会审核通过后进行项目发布招标。

2. 项目发布

协同中心通过学校公示栏、校园QQ群、微信群、教职工大会等途径发布项目，并面向全体教师进行公开招标。

3. 项目申报

教师根据发布项目的具体要求，采取个人独立或者组建团队多人合作的方式进行项目申报，递交自己的项目计划书参与投标。除了学校发布的项目外，教师也可以根据自己的教学需要申报自拟项目，用于解决教学中的实际问题。

4. 项目投标

协同中心根据项目申报情况将定时组织项目投标及项目实施会议，2人或2个团队以上申报项目，学校将采取比选竞标方式，根据各团队项目计划的内容、人员素质、执行力等方面综合考虑，选择出最优的执行团队或个人开展项目。

5. 评审立项

确定实施项目个人或团队后，学校组织相关专家根据项目的难易程度、工作量的大小，一项一议，划定项目的工作经费，报请校长委员会审议通过后下拨项目专项经费。

6. 项目开展

项目个人和团队在申报成功后,应按照实施计划开展项目活动,项目分管中心将负责监控整个项目的实施与指导。

7. 项目验收

项目完成后,学校将组织专家对项目实施的成效进行核查验收,分管的项目中心将根据项目完成的质量商议具体的奖励比例,对项目完成不到位的团队或个人限期限整,或者撤销项目、重新招标。

项目式管理的顺利实施,让教师主动求发展的内在动力得到了激发。实施项目化管理以来,教师参与项目的积极性、主动性明显提高。各项目负责人能够在分管中心的指导下立足各自的项目,带领团队聚焦问题,精准发力,勇于创新,推进了各项目的研究进程。同时,不同项目组之间的定期交流分享、合作研究,形成了优势互补、协同发展的工作新风貌。

(三)招聘教师管理

"自主招聘"是学校改革的核心工作之一,它的实施畅通了教师"出与入"的管理机制,学校积极探索"教师自聘",通过对教师招聘的精细管理,实现教师招聘透明化、精准化,吸引了大批认同学校文化理念、符合学校发展需求的优质教师加入。通过不断的新血流入,教师学习的意识更强、工作的热情更高、工作的效果更好,学校办学活力得到了极大提升。

学校每年三月都会启动教师招聘工作,前期我们会对学校现有教师的工作情况进行考核评估,同时结合校聘教师的合同情况按照按需设岗、按岗招聘的原则确定学校本年度的教师招聘计划。随后将招聘公告通过学校的微信公众号、教师招聘网、教育工作群等多种渠道进行宣传,以达到广而告之的目的。我们的招聘工作通常是按照"投递简历—资格审查—笔试—面试(含试讲)—体检—签订劳动合同"的"六程序"方式进行开展的。其中各学科笔试的试题内容由学校的学术委员会共同商议制定,主要涵盖教育学综合、数理逻辑、语言理解与表达、教育综合能力四个维度;面试将以现场答辩和讲课为主,主要测试应聘人员的仪表仪态、行为举止、思维能力、口头表达能力、临场应变能力、知识面及心理素质、业务素质等情况。

近两年学校的快速发展吸引了近1500名应聘者,其中不乏清华、北大的毕业生,而我们仅仅招聘了其中的18位,83∶1的竞争让我们有了更大的选择权与更宽的选择面,让我们更容易挑选到符合学校需求、认同学校理念、适合共同发展的优秀师资。83∶1的竞争让现有的老师有了危机感,学校的良性竞争促使他们不断学习,丰富自己的专业知识;促使他们努力工作,不断提高工作的效率;促使他们协同合作,呈现更优异的工作成绩。

(四)组长岗位职级制

年级组长、教研组长作为学校教师团队的骨干力量,一般都是由具有一定经验和较高专业能力的教师来担任,但这部分教师往往处于职业倦怠期,如何提高他们的干事活力,激发他们的工作热情,促进他们的持续成长,成为学校构建组长岗位职级制这一创新性激励机制的初衷。

我们将组长的岗位职级从高到低依次分为一级、二级、三级、四级、五级组长5个级别,组长实行职级制聘任,按对应级别领取组长津贴。学校建立了组长考核评价制度,实行考核晋级制度。采取每学年一考核,考核结果作为晋级依据,考核内容根据《年级组长岗位职责》《教研组长岗位职责》的要求执行,考核方式将通过个人申报、民主满意度测评、评审委员会打分、校长办公会研究确定晋升等级。对于未能履行组长职责,工作能力欠缺,满意率测评低于80%的组长,学校也将执行降级或退出机制。

组长职级制的实施有效地激励了骨干教师团队的工作积极性,通过组长岗位职级等级认定、职级晋升还是下降等方式,极大地刺激着教师:只有努力做好自己的岗位工作,团结组内教师,与各个团队协同合作,工作才能取得最大的成效。

(五)班主任与副班主任双向互选

师资队伍建设在学校管理中是重中之重,针对如何发挥班主任的引领作用,如何利用班主任带动副班主任教师的工作积极性,如何让教师合作发挥出最好的效果,让教师队伍的师德水平、教学能力、科研能力等得到提升,学校创新性地采取了激励教师竞争、自主双选的机制。在每学年年初,学校会组织所有老师进行班主任与副班主任的自主双选,让教师在竞争中提升自我认识、学到经验,调动教师的工作积极性,建设出一支师德高、专业能力强的优秀教师团队。

1. 自主申报,双向互选

各学科教师自主申报担任班级的副班主任工作,然后班主任根据申报教师的个人志愿、管理能力、合作意识,综合考虑选择聘任本班的副班主任,如果有多位班主任选择同一位教师担任副班主任,则有副班主任反选班主任确定服务的班级。学校鼓励优秀教师积极担任班主任与副班主任,同时规定每班只设正、副班主任各一名,其余未聘任的教师则根据个人能力申报其他执勤岗位或其他功能室职务。

2. 优势互补,团队合作

根据教师年龄层次、能力水平、性格特点、爱好等加以引导。教师自主选择,因为自己对自身的各项能力有充分的了解,在工作中、生活中也互相了解,清楚地认识到自身的优势和劣势,也对其他教师有了解,从自身、班级、学校的发展出发,找出最佳搭档、扬长补短、优化组合,形成科学、合理的最佳搭班阵容。

对学生的学习、生活等进行分解,做到事事有人管,量化考核,与绩效成绩挂钩。绩效成绩考核关系到工资的分配,也关系到职务的确定,同时正、副班主任在考核中也是相互关联的。所以双方会在工作中尽职尽责、优势互补、互帮互助,实现共同提高。这样有利于团队合作精神的形成,也实现了学校管理的最优化。

四、效果应用

坚持以教师为本,物质激励与精神激励相结合。从教师自身来讲,发挥出重要的作用。

(一)提高自我认识

教师认识自我,认清自身的发展需求,由被动激励变为主动激励。同时,发挥主观能动性,在自我意识不断提升的过程中,自我激励也不断提高。

(二)树立良好形象

一方面,教师在工作中,树立自信心,不断丰富自己的知识,不惧于工作中的困难。另一方面,教师为了得到更多的尊重需求,会不断塑造自我良好的形象,欣赏自己的优点,补足自己的不足。

(三)实现自我价值

一方面,激励制度为教师的职业规划提供了方向。另一方面,从学校角度来说,激励制度也起着重要的作用。(1)学校通过各项激励制度的建立,始终把尊重教师,以教师为本的理念贯穿始终。促进了教师与教师之间的交流,教师与领导之间的沟通。学校更清楚地了解了教师的需求,为激励教师工作打造了一个良好的基础。(2)使学校教师的发展、学校的发展顺应时代的发展。

总的来说,教师激励制度是促进教师教书育人,实现其责任感和创造性的根本举措,对学校的发展有着重大的意义。

第五节　健全科学评价,创新监督反馈

从现代学校治理机制中监督反馈系统建设的角度出发,深入阐述如何构建科学合理的评价制度。

近年来,基于教育高质量发展的实际需求,国家不断强调和鼓励学校办学要从传统模式向现代学校办学模式转型,国内教育改革持续性纵深推进,即使没有开展"两自一包"体制机制改革的学校,也在制度体系设计上逐步渗入现代学校治理特色。"两自一包"改革赋予学校的办学自主权,更是需要学校在机制、文化、制度、管理等各个发展环节充分凸显现代化、民主化、扁平化、独立性、自主性、合作性,突出以人为本的制度核心,以更加开放、多元、前沿的理念和模式实现"两自一包"改革的宝贵价值,促进学校教育高质量发展,更快更好地达成时代发展赋予教育的责任与期望。但是,在教育改革的风潮期,现代学校治理机制中监督反馈系统的建设似乎并没有获得同样的重视,教育产业出现了"规制失灵"现象。传统办学模式下的评价监督机制与新时代教育发展要求相背离,"教育规制"效果不佳,阻碍了教育产业产出应有的社会价值,与人民期望的教育发展质量不符。"两自一包"改革学校实行的"决策""执行""监督"分离原则下的校长负责制,更是催生评价与监督体系的创新与变革。

龙江路小学中粮祥云分校作为在传统公办学校中实施"两自一包"改革的先锋军之一,一直在开放与谨慎并存的理念中探索着一条"协同治理"机制,既能让不同利益主体适应办学模式的变革,又能激发不同利益主体在协同中行使自身权力,共同促进自身以及学校的创新发展。在现代学校制度的框架下,办学权属于所有祥云人(校长、管理人员、教师、学生、家长等,下同),学校所有的规则体系都由祥云人一同缔造,核心便是"以学生为中心",更好地促进学生发展,从而凸显教育的独立性和学校的自主性。管、办、评分离模式下,无论是政府对学校、学校对师生、师生对学校、师生对师生、社会对学校等不同主体间都迫切需要构建更加科学合理的评价制度和监督反馈机制,从而保障学校合法、科学、可持续性的发展环境,因此,在改革中通过探索科学评价和创新监督机制为发展之路保驾护航,是学校又一项创新之策。

一、"协同治理"模式下的科学化评价改革

新的发展时代,新的办学体制,更需要学校变革观念、创新模式,建立符合素质教育思想、有利于发挥教师主动性和创造性、凸显全面性和发展性的教师评价体系,充分借助评价导向,促进教师不断提升职业道德和专业水平,促进教育高质量发展。科学精准的评价体系,需要突出几项重点原则:一是发展性原则。学校必须关注教师发展的要求,将教师的参与、变化和发展过程作为评价的重要组成部分,使评价过程成为全体教师主动、终身发展提高的过程,也成为能促进学生全面发展的重要过程。二是全面性原则。学校既要重视教师业务水平的发展,又要加大对教师职业道德修养的重视。教书育人,理念先行,教师的理想信念、思想意识、理论修养等几乎决定着个人专业水平和实际工作质量的方向,是重要的评价内容,学校既要评估教师的工作业绩,又要重视教师的工作过程;既要体现教师个人发展,又要体现群体协作和共性发展。三是多元性原则。学校评价主体要多元化,突出教师的主体地位,建立以教师自评为准,学校领导、同事、家长、学生共同参与且多向沟通的教师评价机制;评价方法、途径多样化,建立以校为本、以教研为基础的教师岗位工作评价方式,把形成性评价与终结性评价相结合、定性评价与定量评价相结合,不以学生学业质量或教师业绩作为评价教师的唯一标准。

三年的改革探索中,学校一直坚持创新驱动发展,通过不断优化内部评价

与管理结构,通过一系列评价改革举措,如改革薪酬分配方案、完善教师岗位年度考核和行政岗位年度考核、探索校聘教师职称聘任和组长星级制、增加项目岗位等,构建形成了一套较为全面的评价体系和良好的运行机制。无论是管理岗位还是教师岗位,无论是在编教师还是校聘教师,无论是骨干教师还是青年教师,只要够努力够优秀,都能获得更适宜的发展和更精准公正的评价与考核,用更加科学、多元、全面的制度体系保障改革的顺利进行。

(一)坚持"岗位化"评价——改革薪酬分配方案,打破身份管理,凸显岗位价值

学校用好"三权"中的经费使用权,按照"保留基本工资,破除绩效奖励,体现岗位贡献"的原则,依据武侯区委、区政府《关于在我区现有公办学校深化"两自一包"管理体制改革试点的通知》(武委办发〔2018〕17号)文件精神和学校办学章程,全校教师共同制定《成都市龙江路小学中粮祥云分校薪酬分配方案》。学校实行岗位结构工资制,以调动教职工工作积极性,体现"同岗同酬、优质优酬,兼顾公平、多劳多得"的分配原则,薪酬设计按岗位的不同类别实行分类管理,着重体现岗位(或职位)价值和个人贡献,鼓励教师长期为学校服务,共同致力于学校的不断成长和可持续发展。

教职工月工资主要由基本工资、基础绩效工资、项目工资构成。基本工资由岗位工资、薪级工资组成,重在体现教师职称等基础条件。教职工基础性绩效则以岗位实际工作量和岗位工作量履行情况为依据,着重体现履行岗位职责情况的考核评价,学校制定的每月考评内容涵盖教学课时、教龄校龄、午间管理、卫生与安全、教育信息化、科研等13项教育教学以及管理岗位的考评项目,面向教师岗位、行政人员、班主任以及其他15个项目兼职岗位含年级组长、教研组长、中心组组长、项目中心副主任、学术委员等。教职工每月的考核工资公平准确地体现了自己的岗位工作质量与贡献,大部分教师在满工作量的考核之外,还有1~2项兼职岗位的考核奖励或者1~2个项目工作考核奖励。近年来,学校将涵盖校园文化建设、校本课程开发、教育教学活动等近120项重要工作以项目的方式推出和实施,教师自主申报完成,教师的自我价值得以体现,学校薪酬考评覆盖面也更加完善和丰富。传统办学模式下教师月工资相对固定,在编教师与校聘教师工作量相近但工资差距较大,无法实现同工同酬、

多劳多得,难以激发教师主观能动性与工作热情,更无法实现优化队伍结构、保障队伍稳定性。"岗位化"评价,极大地凸显了每一位教师的岗位贡献与价值,实现教师考核管理从"身份管理"到"岗位管理"的转变,体现了评价的公平、科学与精准。

(二)坚持"多元化"评价——探索岗位年度考核制度,变革内容创新机制,实现科学全面的评价模式

传统模式下,学校对于教师岗位和行政岗位的考核从制度设计、考核内容、运行机制和结果运用上都不够科学完善,缺乏全面、精准的评价效益,无法有效促进岗位评价与管理的优化,更难以帮助管理团队和教师团队明晰自主发展方向,并激活其有针对性的发展动力。"两自一包"赋予学校的自主管理、自主招聘和经费使用"三权",大大扩充了学校通过制度激发办学活力、提升教师待遇、优化队伍结构的空间。如果缺乏科学有效且大家认同的评价制度,必将让"三权"变成"三刀",割裂教师对学校的认同感与归属感、教师自主发展的动力与热情以及管理团队与教师团队的协同之心,反之则能大大提升"三权"在学校发展、队伍建设、办学水平中应发挥的作用、价值与效益。因此,2019年学校用近半年的时间,细致研究,反复打磨,举全校之力打破了原有的教师考核与行政考核制度,制定了全新的《成都市龙江路小学中粮祥云分校行政人员年度考核工作方案》和《成都市龙江路小学中粮祥云分校教师岗位年度考核工作方案》。在运行了2年后,再次征求全体教师意见和建议,进一步优化和完善。每学年考评一次,考评结果将作为行政岗、教师岗一次性年度绩效奖励发放依据和行政岗、教师岗续聘或岗位调整参考依据。

一是教师岗位考核评价。特色亮点:定量与定性相结合,评价内容多元化。学校依照新时代"四有好教师"的标准,结合学校育人文化和教师培养目标,制定了教师岗位年度考核方案和评价量表,涵盖教育教学、管理岗位、职业认同、综合评价、突出贡献五大板块,充分体现对于教师理想信念、道德情操、扎实学识、仁爱之心的考评,评价量表涉及教育教学常规、工作业绩、师德师风、师生家长满意度、工作态度、突出贡献等13个具体指标。改革前的教师评价更注重于客观数据的量化指标,如教师比赛获奖、教学常规检查等客观数据,但教师评价不能仅将常规考核与业绩荣誉等客观性的数据作为标准,因为可量化的指

标无法涵盖教师对职业的理想与热情、日常的工作态度、对学校项目化工作的参与积极性等,许多日常工作中难以量化的内容也是评价教师以及引领教师可持续性发展的重要支撑。因此,在13项具体指标中,有4项定性主观评价指标,即责任担当、乐于奉献、团队协作、突出贡献,占比20%,客观业绩数据由对应部门进行考评,满意度测评由学生及家长考评,其他定性指标均由行政管理人员、年级组长、教研组长进行考评。定量评价和定性评价科学融合,评价主体和内容更加多元、全面和精准,也更令教师信服和认可,帮助教师进一步明确自身发展优势与努力方向,利于队伍的快速优化。

二是行政岗位考核评价。特色亮点:多方参与考核,评价主体多元化。

改革前,学校行政干部的考核评价方案并未单独制定,而是参照教师考评标准,行政评价积分多采取该项考核评价的平均值,除了教师满意度测评外没有全面综合有针对性的考评制度与标准,缺乏考评的准确性和有效性,不能充分调动行政干部干事创业积极性,部门职责和协同边界不明确,部门之间的协作动力不足,更对行政队伍的建设带来了不良的影响:一是采用教师平均分值对行政干部进行考核,无法体现行政实际工作质量,对于工作业绩较为突出的行政干部,会打击和影响其对自己的工作自信,以及对教师和对学校的服务热情;对于工作质量不高、需要提醒和帮助的行政干部,则无法激发其主观能动性,也不能清晰明确地了解自身的优势与劣势,有针对性地调整和优化。二是行政工作离不开部门间的通力合作以及教师的协同配合,缺乏彼此间的评价与交流,将不利于不同主体间业务工作的协同配合,同时也不利于学校各项工作的稳步推进与发展。

改革后的《成都市龙江路小学中粮祥云分校行政人员年度考核工作方案》,坚持以习近平新时代中国特色社会主义思想为指导,以建设中国特色的现代制度学校为战略目标,坚持以人为本,充分调动管理人员工作的主动性、积极性和创造性。学校明确提出办一所"精品化、高品质"示范学校的目标,要求管理队伍树立目标导向,强化岗位履职,引导管理部门采取科学的行动和以结果为导向的绩效评估方式,不断提升工作水平,助力学校发展战略的实施。考评坚持公平、公开、公正原则,过程和结果并重原则以及多维度考核评价原则。考核内容涵盖三大方面:一是个人素质考核,分为思想政治、工作奉献、工作态度、为人正直、团结协作和全局观五个方面考核;二是工作能力考核,分为分析与计划能力、创新力、执行力、口头沟通力、书面表达力五个方面考核；三是工作结果考核，分为工作效率、工作负荷与履职情况、工作成效三个方面考核。

学校根据总体要求，细化标准，制定《成都市龙江路小学中粮祥云分校行政人员年度考核评价量表》。每学年每位行政（副校长及中层干部）进行一次个人总结述职，考核评价由自评（20%）、同级评（5%）、教师评（25%）、上级评（40%）、下级评（10%）五个部分按照一定权重得分进行。无论是评价指标、评价对象还是评价方式上均坚持多元、全面的原则。党支部根据考评项目、考评对象不同的权重，复核确定最终得分。

相对科学多元的评价标准能够给予行政人员更加实际、准确的工作认可和提醒，明确如何成为一名更加优秀的管理人员，完善各治理主体的考核评价体系，提升评价体系的整体性、融合性、协同性，强化考核评价标准的导向功能，进一步确保学校的高效能治理。

（三）坚持"智慧化"评价——探索教师"数字画像"项目，注重结果运用，突出评价反馈的实际意义与价值

在考核评价的结果运用上，除了作为绩效奖励或是教师续聘的参考依据，更重要的是如何借助考评结果加强队伍建设、优化队伍结构。这需要学校对考核结果有详细的分析。

时代变革日新月异，社会发展不断向前，在教育信息化2.0背景和武侯区"全国智慧教育示范区"的引领下，人工智能助推教师队伍成长已成为教育领域的重要发展趋势。龙江路小学中粮祥云分校作为武侯区"未来学校""数字校园""智慧教育项目试点校"具备较好的实践与探索基础。近2年来，学校以教师"数字画像"项目为突破口，创新教师队伍管理与培养机制。学校建立教师"数字画像"平台，清晰直观地呈现学校队伍结构的数据化分析，涵盖基础信息、学习培训、业绩荣誉、辐射引领等，便于学校实时了解和提取队伍结构信息，更利于学校科学高效持续性优化队伍结构。学校管理团队以教师年度考评数据为核心，借助人工智能平台功能为教师们一年一"画像"，基于数据的呈现与分析，清晰直观地了解并且指导教师的发展方向，通过对画像结果的分析与运用，辅助学校队伍的优化与指引教师的精准成长。

案例一：A教师是一名综合能力非常优秀的教师，2020年的岗位考评中仅

排全校 18 名,通过平台预警分析,她的主要差距是在个人业绩中的教学比赛获奖和科研成果方面,所以通过交流提醒和个人的努力,她取得了较快的成长,在 2021 年的岗位考评中排名第一,各项指标数据都位列全校前三。2021 年 9 月,通过个人申报、答辩、教师满意度测评等,A 教师竞聘成为学校德育副主任。考评结果的科学对比、分析与运用,不仅促进了教师个人的成长与发展,也对学校行政团队的优化提供了有效辅助。

案例二:B 教师在 2 年的岗位考评中都处于 A+(前十名)高位稳定的发展水平,结合其教龄、职称及近年来的业绩,通过平台精细化分析,预测其在 3 年内有较大可能取得快速成长和发展,于是学校将其作为智慧教育种子教师重点培养,给予其更多有针对性的培养和磨炼,在今年 B 教师成功申评成为武侯区骨干教师及武侯区智慧教育种子教师。

案例三:除了可以引领教师的成长,通过对岗位考评结果的分析与运用,还可以辅助学校队伍的持续性优化。C 教师是一名在校工作多年的青年教师,某一年年度考评结果排学校靠后,通过项目预警,学校针对她的课堂教学水平、个人专业成长、工作态度和综合性发展等方面开展交流谈心,鼓励并提出发展要求,也尝试多岗位锻炼,多渠道挖掘其发展潜能。但是第二年其岗位考评综合各方面仍然没有进步,依据数据分析,结合日常表现和业务能力,自身也认识到无法适应学校的发展需求,当年合同到期后,学校与其达成共识,没有再续聘。结合"两自一包"教师自聘的体制改革,对评价结果的合理运用也为教师出与入机制建立、岗位安排等提供了更客观的数据支撑和更科学的判断依据。

构建科学合理的评价体系是现代学校"协同治理"模式下必不可少的制度,只有科学合理的评价指标、评价模式,才能指引学校、教师朝向正确的发展道路前行;只有稳定规范的运行机制,才能保障学校、教师的可持续性发展;只有对评价结果的及时充分运用,才能实现评价体系最核心最宝贵的意义和价值。

二、"协同治理"模式下的监督创新

"两自一包"管理体制改革下"权力下移""扁平化管理""人人参与""民主管理"等新模式,利于激发办学活力,提高办学质量,但也存在较大的权力运用风险。传统模式下的监督系统更多的是上级部门对于学校各项工作的定期监督考核,链条虽然单一但监督效果明显,因为学校各方权力都不大,在规范的制度条约下按要求开展各项工作,上级部门对于学校的把控力度是非常稳定且有效的。但是,当权力下移并且分散分配后,如何以一颗"一切为了学生"的教育初心继续前行,必不可少的前提是监督体系的创新与变革,我们不能简单地依靠加强监督来解决问题,必须进行改革。学校创新思路,抓准改革核心——"协同"二字,只有上级部门与学校、学校与社会、学校内部多方主体之间达成共识,以发展的眼光、大局的意识实现相互制约又相互成就,以"协同"之心共赴改革之约,才能确保学校快速发展的规范科学、公平公正。

(一)"协同监督"之上级管控

在管、办、评分离模式下,区域教育主管部门如何对改革学校各项工作以及综合办学水平、社会效益等方面开展有效监督,才能精准把控学校管理权限?

一是保障依法办学。首先需要厘清区别于传统学校,改革学校有哪些权力风险,首先就是经费使用方面的风险。教育局参照公办同类学校公用经费和人头经费的平均数,分年度打包划拨经费,学校按照日常运转和发展需要自主管理和使用,除了基建支出、批量或大宗设施设备采购等专项经费外,学校在公用经费和人头经费的支配或分配上有着很大的自主空间。因此,区教育局制定三级审计制度,每年从学校内审、第三方机构审计到教育局抽查,层层把控,保障学校经费使用合规合法,同时在审查过程中除了关注经费使用规范性外,更注重经费的使用效益,严格精细开展经费使用绩效评估。除此之外,学校在管理中的其他自主权如中层干部选聘、教师自聘、岗位设置、奖励制度制定等,均需要依照教育局相关规定公平、公正、公开进行,并上报备案。

二是突出发展效益。教育局对于"两自一包"改革学校的监督与评价,保障依法依规办学是基础,在此之上更注重"三权"的使用效益。每年一次的办学综合水平督导评估,将从学校办学方向、五育并举、学校管理、教师发展、学生发展、综合评分、奖励加分七大板块共计29项指标进行全面细致的考核,涵盖64个考核要点,考核形式囊括了专家现场评估、科室评估、特色答辩、家长满意度测评等,不仅对学校落实相关教育制度、强化党风廉政工作、依法治校等相关情况进行严格考核,更对学校文化建设、队伍培养、教育教学质量、办学特色、突出成绩等进行了全面准确的评价。科学的评估就是最好最有效的监督,确保学校在依法依规办学的前提下,凸现其对学校办学特色、综合发展的积极影响。

（二）"协同监督"之自主管理

在政府部门的监督管控下，学校"协同监督"核心在于内部的自主管理。近年来，学校不断强化内部监督，促使学校内部各方主体达成"以集体利益最优化"的共识，保障学校各项工作科学、公正。

一是"面面俱到"的制度体系建构。制度文化是学校文化的核心，学校通过不断优化内部治理结构，形成有效的管理体制和良好的运行机制，从文化共建到文化自觉，用科学完善的制度体系实现监督反馈系统的高效运作。改革之初，学校以党和国家教育方针为引领，根据国家各项教育法律法规，结合发展实际与需求，制定了学校章程，作为治校总纲领性文件。学校章程覆盖了学校办学总则、文化理念、师生权利义务、制度体系、教育教学、资产管理等各个方面，涵盖95条具体准则。同时，学校用半年时间梳理完善各项制度和细则，在章程之下共计完成了118条制度的修改和补充，全校师生共同参与，最终形成学校制度汇编，师生员工均遵守执行。

二是"人人参与"的监督环境营造。改革中，学校不断研究提炼出"5411"协同治理新模式，充分调动教师之间、部门之间、师生之间、家校之间的协作与监督效能。建立"五会议事"制度，在党支部领导下的行政会基础上，成立和完善了校务委员会、家长委员会、教职工代表大会和学术委员会，任何工作都不是由某个人或者某个部门直接决定，而是通过适宜的议事会议由参会人员参与讨论，提供意见建议，由负责部门统整形成初步建议后，报行政会讨论，党支委会研究决策；构建"四项参与"民主管理核心，突出教师对"岗位管理、项目管理、评优晋升和薪酬分配"工作的积极参与，越是和教师切身利益紧密相关的重大事项，越要细致倾听所有教师的心声，这是校内监督最自然最有效的途径，也是维护学校稳定发展的核心要素，教师在参与学校的各项治理中，必将时刻保障健康向上的监督环境；突出民主监督，采取"一公一评"方式，定期和不定期地开展学校公共事项实施过程与结果的公示和民主评议，让学校各类公共事项的决策和实施都能得到监督，确保决策和实施的合法性与有效性。在"5411"协同治理模式的建立和运用下，学校很大一部分工作是以教师需求和建议为起点，进行协商讨论。学校发展主体（校长、行政、教师）积极参与学校各项治理，相互合作、制衡,良性循环,达成"以集体利益最优化"为原则的核心共识,形成多元多向的评价与监督机制,保障公平科学的治理策略。

(三)"协同监督"之开放办学

学校工作是否科学合理,是否达到理想效果,教育局的管控、学校教师的积极参与起着关键作用。作为教育主阵地,我们的职能是教育学生,我们的服务对象学生和家长的满意度才是最重要的检验标准。良好的上级管控和内部管理是核心,而社会的眼睛则为我们的监督体系提供了更丰实的保障,越开放的办学模式,越丰富的家校社合作,越能让家长、社会通过协同合作、紧密参与、监督评价等方式认识学校、了解学校、帮助学校、认可学校。

近年来,学校构建家庭—学校—社会协同育人共同体,学生、家长、社区多方参与学校重大事项的评价、监督、建言献策,进一步建设和完善民主、开放、合作的三维一体教育制度,实现家庭、社区、社会的教育积极性与学校教育的主导性融合发展,优化学校监督与评价的全面性与多元化。每年开展面向全体学生和家长的教师满意度测评,每学期开展家校开放日活动,班级教师岗位调整提前征求家委会代表意见,连续6年开展"好家长研修班",每天上学放学时段家长护卫队守护学生放学,云朵公益学院设立家长分院并与社区签署合作协议,开展社区服务站活动丰富志愿服务课程等,让家长、社会多角度感受孩子的校园学习生活,与学校工作亲密接触,在紧密的协作中为学校发展建言献策,不仅仅是对学校工作的监督,更是在协同合作中见证和助推了学校的快速发展。

案例:2020年底学校制定"十四五"发展规划之初,便分教师、学生、家长、社区四个小组开展深入调研。面向学生进行问卷和访谈,了解学生对学校环境、课程、活动等方面的需求与希望;邀请校级家委会代表座谈交流,收到意见建议7条;向各班家长代表进行问卷调查,发放电子问卷273份,充分收集家长代表的真实意见;召开联席会议,组织簇锦街办、高碑社区、顺江社区、顺和社区代表座谈交流,深入社区了解学校发展需求。通过充分调研,学校从改革目标、关键问题、政策举措、重大项目、发展建议五个方面整理出主要观点,作为撰稿依据和参考,形成学校发展现状调研报告。在草拟过程中,积极与教育领域专家对接,及时召开专家论证会,组织专家对规划的科学性、可操作性、前瞻性等方面进行论证，并根据专家意见对规划进行修改完善。定稿前，学校非常注重听取吸纳各方意见和建议，增强规划的科学性、针对性和可行性，充分听取年级组、教研组及学生、家长、社区代表的意见，经过多轮征求意见，大部分合理的建议都得到采纳，部分意见未被采纳，学校也与相关人员做了沟通解释，并取得共识。学校"十四五"发展规划凝聚了专家、教师、学生、家长、社会的希望，也得到了众主体的监督与认同，吸纳各方智慧与期盼，协同助力学校创新发展。

第三章

彰显协同治理创新之力

本章收录工作室成员学校在探索协同治理机制建设过程中的现实案例。

在协同治理机制建设的探索过程中，以成都市龙江路小学中粮祥云分校为代表的学校通过"标准党建"促规范、"品牌党建"树形象、"项目党建"促效能，凸显党建价值，通过"五线绘同心"党建工作法，走出学校党建特色之路。以公益活动赋能协同育人机制，促进社会教育、学校教育与家庭教育的深度融合，学校课程与实践课程双线并行，打破传统教育观、人才观，实现家校社三方协同育人的新型教育模式。以"学校章程"为核心，建构了依法治校的制度结构，完善"五会议事"决策制度，确定学校制度文化建设框架。认真贯彻、积极落实好党建带队建，全团带队的机制，建立队干部培养体系，设立队室、红领巾广播站的校内活动阵地，并依托社区等党团阵地，有序推动校社融合背景下的少先队阵地建设。通过"三会一课""三会分享"、主题宣讲，增强了教师对学校发展的认同感，实施"两平台两工程一引领"举措，有效推动了教师活力和能力的提升，教师的发展也推动了学校管理模式、课堂教学、学生成长、家校共育等方面在智慧教育引领下的变革与发展。借转变教师意识、促进家长参与、引领学生治理的思路，改变传统班级治理模式，积极研究班级治理新途径，集体共治，实现班级协同育人。这些案例体现了协同治理背景下现代学校治理机制建设的实际情况与取得的成果，具有一定的可推广性与借鉴意义。

第一节 课程协同建构

推进课程协同融合的前提需要厘清"五育融合"内涵。《中国教育现代化2035》文件中提出:"更加注重全面发展。大力发展素质教育,促进德育、智育、体育、美育和劳动教育的有机融合。"中共中央、国务院相继出台了多项政策文件,对《中国教育现代化2035》在不同领域、不同专题上进行了细化,均强调了"五育融合"教育理念的重要意义。近年来,众多教育专家也在深入研究和解读"五育融合"的教育理念,提出要育好人、育出理想的人,一定要通过"五育融合"的方式,才能满足高质量教育发展的需求。因此,学校积极申请加入中国教育科学研究院武侯实验区"五育融合育人课程建设"项目学校,成立"五育融合"课程研发中心,在区域引领下和专家指导下,深入思考、研究,剖析"五育融合"内涵,完善学校课程体系建设。

学校细致研究"五育融合"的历史,更加理解了国家提出"五育融合"的必然性。学校通过查阅资料与研究学习,逐步厘清了"五育融合"概念的提出与演变,以及状况,对其概念的产生与发展有了更加清晰的认识。首先,历史和政策中的"五育融合"。1912年,蔡元培在《对于新教育之意见》中,首次表达了"五育并举"的教育主张:"军国民教育、实利主义教育、公民道德教育、世界观教育、美感教育皆近日之教育所不可偏废。"2019年,中共中央、国务院出台了《关于深化教育教学改革全面提高义务教育质量的意见》,提出了"坚持五育并举",强调"突出德育实效""提升智育水平""强化体育锻炼""增强美育熏陶""加强劳动教育",以此全面发展素质教育。其次,是现实中的"五育融合"。"五育"本来就是在一起的,是不应该分离的,而现实中"疏德""偏智""弱体""抑美""缺劳"等"五育分离"或"五育割裂"的教育问题,导致了片面育人,远离了"全面发展""全面育人"这一教育宗旨。

因此，我们需要应用"五育融合"来解决这些教育问题。有专家提出"融合"有两种含义：第一种是在自然状态下的融合，"五育"本身就渗透在一个人的成长过程中，是天然、自然的"五育融合"；还有一种是需要策划、设计的，教育需要计划、设计，不能只是依托于纯自然的融合，当今学校和教师所要研究的重点就是通过人为的介入，通过课程、教学的设定和实施，实现理想的"五育融合"。

在深入研究"五育融合"的内涵后，我们对其内涵进行了剖析。首先，是"五育融合"的育人内涵。"五育融合"强调人的成长发展，不仅是"全面发展"，更是"融合发展"。所有教育活动对人产生的育人成效，很难单独分离为哪些属于"德育"，哪些属于"智育""体育"，"美育""劳育"又体现在哪里。教育有无数种形式和可能，任何一种教育行为，都同时存在"德智体美劳"教育价值的可能性。其次，是"五育融合"的发展内涵。纵观"五育融合"概念的提出与发展，"五育并举"的提出，强调的是"德智体美劳"缺一不可，是对教育的整体性或完整性的倡导；"五育融合"则更强调和注重教育的实践方式，倡导协同育人的教育理念，在融合中实现"五育"共生共长。最后，是"五育融合"的实践内涵。当然，所有正确的教育理念都需要通过教育人的实践，才能达成其价值。"五育融合"的理念必须化为学校和教师的育人能力，以及学生的学习能力。

对教师而言，要有"五育融合"的教学新基本功，既要善于在自己的学科领域充分发挥每一堂课、每一个教育活动综合性的"五育效应"，也要善于融合利用各育的育人资源，实现基于融合、为了融合和在融合之中的新型教学方式；对学生而言，我们现在所强调和正在实践的"线上线下混合式学习""小组合作学习""项目化学习"等等，都在为"五育融合式"学习奠定基础，我们的目标是学生能够形成基于融合、为了融合和在融合之中的学习兴趣、意识、方法、能力与习惯。

[案例1]

践行"五育融合"理念的"云彩课程"

成都市龙江路小学中粮祥云分校在祥云"上善文化"的涵育下，从落实全人教育和《中国学生发展核心素养》的要求出发，坚持"以生为本，发展个性，面向世界"的核心方针,以促进学生的多元能力发展为方向,形成了"七彩阳光耀祥云"的办学理念,致力于用多彩、温暖、热情的教育照耀进朵朵祥云,让每一个孩子都由内而外地焕发自我的光彩,培养勇敢善良、自由灵动、个性生长的云彩少年,最终成就师生共长、和谐共生、美美与共。

如何能够实现国家教育方针指引下突出学校个性特色、符合师生成长发展规律的育人目标?学校国家课程校本化实施的方法、路径和效果至关重要。近年来,学校以"协同育人"思想和"五育融合"课程观为引领,总结提炼前期课改成果,深入思考与推进学校课程改革,不断完善"云彩课程"体系的构建与实施,实现学生全面、健康成长和学校教育高质量发展。

基于对"五育融合"理念的研究学习与深度剖析,学校厘清了其在课程建设中的重要引领价值,根据学生发展需要和地方、学校、社区资源条件,围绕学校文化核心,从"云品立德""云思化慧""云创未来"三个维度出发,修订完善《成都市龙江路小学中粮祥云分校"云彩课程"建设方案》,进一步完善了"云彩课程"体系的建设。

一、体现协同理念的课程建设愿景

(一)办学理念:七彩阳光耀祥云

在"祥云文化"和"上善教育"理念的涵育下,学校形成了"七彩阳光耀祥云"的办学理念。用多彩、温暖、热情的教育照耀进朵朵祥云,让每一个孩子都由内而外地焕发自我的光彩。要让教育的阳光照耀校园,浸润每个师生的内心,不断探索适合孩子学习和发展的"五育融合"课程,给他们提供多彩的学习内容、方式和场所,为他们的自主选择提供源源不断的仁善能量,让每个师生都自然而然地洋溢出与众不同的光芒,最终成就师生共长、和谐共生、自由灵动的祥云学校。

因此,在办学理念的引领下,学校从落实全人教育和《中国学生发展核心素养》的要求出发,坚持"以生为本,发展个性,面向世界"的核心方针,以促进学生的多元能力发展为方向,以培养勇敢善良、自由灵动、个性生长的新时代云彩少年为目标,开展学校课程建设。

(二)课程理念:让每一朵云都熠熠生辉

"做朵云"是学校的办学愿景。于学生,要做朵云,做心灵纯净、言行善美的洁白的云；做多元发展、百家争鸣的绚烂的云；做身心矫健、思维活跃的灵动的云；做担负未来使命的有担当的云。于教师，要做朵云，做朵温暖、包容，有高度专业水准的润泽的云。我们期盼，为孩子的全面发展，为教师的职业幸福和专业化成长，打造一所融贯中西文化的国际化现代学校，让每一朵云都能在这里熠熠生辉。

由此可见，学校大力推进"云彩课程"是学校文化的创新实践，正是以外在品牌的锻造来彰显学校内在品格的珍贵，以此彰显我们的办学目标与文化追求。同时，也体现了"崇品笃学云焕彩"的校训在品质教育下的价值。

二、践行协同理念的课程建设目标

（一）总目标

切实贯彻落实成都市中小学课程计划，通过国家课程的校本化实施与校本课程的开发，为学生提供丰富而适性的课程。以先进的课程理念作为指导，结合学校实际，加强"五育融合"理念下学校课程建设、实施和管理，使学校课程结构更合理，学校特色更鲜明，彰显学校办学理念，促进学校培养目标的达成。以课程建设打造"祥云"文化品牌，让每一个学生沐浴在七彩的光辉中熠熠生辉。

（二）分目标

1. 学生培养目标：培养学生学习能力，发展个性、健全人格、启迪智慧。引导学生立德于学、修德积学、学有所得、践行所学。培养孩子勇敢善良的品格力、自由灵动的思慧力和个性生长的创造力，让学生成为德智体美劳全面发展且具有个性化发展特色的新时代少年。

2. 教师发展目标：坚持以生为本的教育理念，增强"五育融合"课程开发能力和实施意识，培育专业精神，提高教学品质，做一个博学敬业、儒雅大气的教师，自信大方展现个性与专业魅力。以星星之火，点燃学生的生命之光，唤醒生命内在潜能，润及每个孩子的幼小心灵。重点进行五项修炼：修炼师德，循循善诱；修炼课堂，各有千秋；修炼课程，全面发展；修炼科研，孜孜以求；修炼管理，专业好手。

3. 课程建设目标：以"让每一朵云都熠熠生辉"为核心课程理念，构建科学合理、特色鲜明的学校课程计划,关注学生全面健康发展,为师生营造融合的、多元的、自主的、和谐的发展环境。

三、基于协同理念的课程建构体系

(一)龙小祥云学生发展核心素养

教育部发布的《中国学生发展核心素养》以培养"全面发展的人"为核心,分为文化基础、自主发展、社会参与三个方面,综合表现为人文底蕴、科学精神、学会学习、健康生活、责任担当、实践创新六大素养。

学校把学生的六大核心素养与祥云文化相结合,充分研究"五育融合"的育人理念,从"云品立德""云思化慧""云创未来"三个维度出发,形成了祥云学生五大发展核心素养。

1. 身心健康。其一,龙小祥云的孩子热爱生活,自信向上,脸上有微笑,心中有阳光,懂得管理自己的情绪。其二,每人有一项喜欢或擅长的体育运动,积极锻炼身体,身体各项指标能达标,视力能达标,保持身体健康。其三,养成良好的生活习惯,讲卫生,不挑食,有良好的饮食习惯。其四,学会自我保护,面对危险知道如何逃生及自救,遇到困难时能有顽强的抗挫折的意志与毅力,具有蓬勃向上的精气神。

2. 言行善美。其一,龙小祥云的孩子心灵美好,应具备符合社会主义核心价值观的审美意识,向往和追求美好事物,善于在生活中发现美、欣赏美。其二,言语和举止得体,有礼貌、待人接物行为得体。逐渐养成语言美、行为美、心灵美的好品格。

3. 善于学习。其一,龙小祥云的孩子在学习上基础扎实,学习内驱力强,有强烈的好奇心和探索的欲望。其二,具有良好的学习习惯,能掌握科学地阅读及提取信息的能力,学会思考,勇于探究。其三,能独立学习,也能与人合作,共同学习、乐于分享、一同进步。

4. 敢于创新。其一,龙小祥云的孩子懂得在实践中才能巩固旧知、收获新知,乐于动手动脑,踊跃参与各类实践活动。其二,大胆创新,敢于提出大胆的问题,乐于思考,并且愿意尝试寻找问题的解决办法。

5. 勇于担当。其一,龙小祥云的孩子应有远大的理想和抱负,扎根中华文化,拥有爱家人、爱家乡、爱集体、爱祖国的思想感情。其二,有开阔的国际视野,能够理解、尊重、包容多种文化,能与不同文化背景的人友好相处。其三,要有为社会服务和甘于奉献的公益精神,要有振兴祖国的社会责任感和使命感。

(二)基于学生发展核心素养的"云彩课程"

落实核心素养,需要以课程为依托,将核心素养转化为学生的生产力。学校落实国家课程,结合教师特长和学生发展需求,积极创建适合儿童的个性课程,从"云品立德""云思化慧""云创未来"三个维度出发,系统构建了"云彩课程"体系(图3-2)。

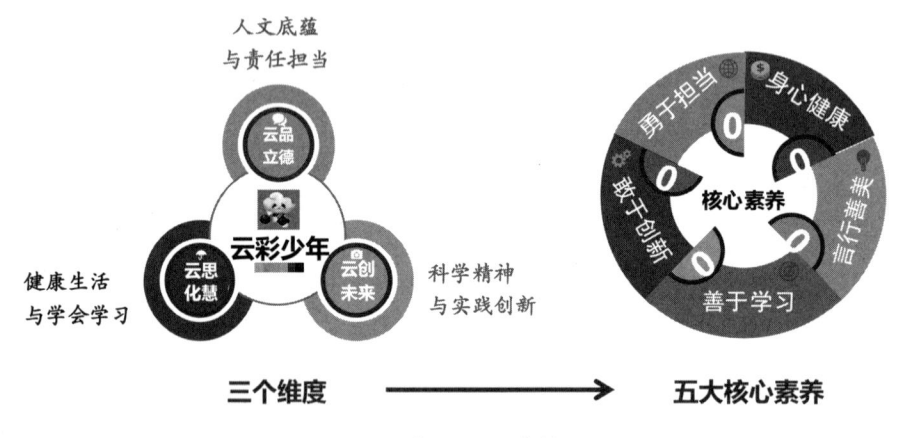

图3-2 "云彩课程"体系

1."云品立德"(勇敢善良)——责任担当和人文底蕴。培养学生良好的品格、健康的体魄和积极正向的社会责任感。主要是学生在认识自我、发展身心、规划人生等方面的综合表现,以及学生在处理与社会、国家、国际等关系方面所形成的情感态度、价值取向和行为方式。重在学生健全自我人格和自我管理的意识和能力,强调学生能处理好自我与社会的关系,养成现代公民所必须遵守和履行的道德准则和行为规范,增强社会责任感,促进个人价值实现,推动社会发展进步,发展成为有理想信念、敢于担当的少年。目标定位于立德于学、修德积学。

2."云思化慧"(自由灵动)——健康生活与学会学习。培养学生健康生活和学会学习,主要是学生在学习、运动、运用人文和科学知识以及技能等方面所形成的基本能力、思维方式、情感态度,具体包括人文积淀、理性思维、勇于探究等要点。培养学生乐学善学、勤于反思的意识和能力,启迪学生智慧,目标定位于博学不穷、笃行不倦。

3."云创未来"(个性生长)——科学精神和实践创新。根据学生的潜力、兴趣培养有一技之长、勇于创新的龙小祥云学生,提倡学生的多元发展和个性生长。重在强调学生能有效管理自己的学习和生活,认识和发现自我价值,发掘自身潜力,成就出彩人生,发展成为有明确人生方向、有生活品质、勇于探究的社会新人。主要包含培养审美情趣、拓展思维、激发兴趣、挖掘潜力等要点,目标定位于由内而外焕发出绚烂多彩的生命魅力。

课程内容见表 3-1。

表 3-1 "云创未来"课程内容

课程领域	课程维度	课程模块	课程内容				课程目标定位
			基础类（夯实基础）	拓展类（开阔视野）	融合类（发展特长）	实践类（服务生活）	
善于学习	人文知识	中国语言	语文书法阅读	绘本、群文阅读、整本书阅读、中国历史、趣解经济学、剧本表演、有趣的国学、绘本创作、少年法学基础、逻辑游戏、非遗文创	绘本创作 校园文化设计	大庙会	提高人文素养
		中国文化					
		历史知识					
	人文实践	校园文化					
		社会实践					
敢于创新	科学知识	生命科学	数学科学信息技术	编程、3D打印、人工智能、PS基础入门、昆虫世界、中国地理、种植与养殖、趣味地理学、趣味生物学、趣味科学实验、医学技能、趣味编程、身边的植物、成都的气候（待开启）	智能机器人 微电影创作	初探中医药	提高科学素养
		自然科学					
		信息科学					
	科学研究	科学研究方法					
		科学研究实践					
言行善美	社会礼仪	家庭礼仪	道德与法治 劳动与技能	演讲与口才、家庭礼仪、学校礼仪、社会礼仪、安全教育、青春期教育、如何解决冲突	少年法学基础	劳动教育和综合实践活动	提高适应社会生活的综合素质
		校园礼仪					
		社会礼仪					
	交流方式	沟通技巧					
		领导能力					

续表

课程领域	课程维度	课程模块	课程内容				课程目标定位
			基础类（夯实基础）	拓展类（开阔视野）	融合类（发展特长）	实践类（服务生活）	
勇于担当	文化传统	文化信仰	语文 英语 道德与法治	英语剧本表演、英语绘本、外国文学作品赏析、外国饮食文化、日语、外国影视作品欣赏、中国传统剪纸艺术	小脚丫走天下	英语嘉年华	培养世界公民意识
		价值观					
	国际关系	外国语言					
		国际时事					
身心健康	身心健康	健康知识	体育 美术 音乐 心理健康	陶艺、版画、儿童画、儿童创想画、线描、儿童漫画、超轻黏土、手工制作、五子棋、篮球、足球、合唱、弦乐、古筝、街舞、乐理试唱练耳、现代舞、乒乓球、啦啦操、二胡、快乐体操、花样跳绳、少儿体适能、轮滑、中国武术、跆拳道、羽毛球、国际象棋、田径、戏剧表演、医学护理、毒品预防、健康常识、美食制作	京剧	艺术节和运动会	增强体质和艺术修养
		健康活动					
		健康习惯					
		健康情绪					
	艺术修养	艺术学习					
		名作欣赏					

四、落实协同理念的课程实施路径

新时代的"五育融合"是在"五育并举"的基础上，以发展素质教育、实现学生完整生命为目标，将"五育"中不同学科、不同领域、不同学段的内容、知识、思想、经验，以适合学生发展的方式有机融合为一体的实践过程。结合学校"两自一包"体制改革背景下"协同治理"机制和理念，学校重组了学校内部的组织体制架构，重建了学校课程建设机制，落实协同理念，建立了能够实现并满足"五育融合"目标与需要、适应"五育融合"要求的学校治理体系，形成体现和渗透"五育融合"的学校管理新体制和新机制。

"协同理念"下"五育融合"的实施路径主要有学科融合、教材融合、活动融合、价值融合和方法融合，以达成融通式、全方位、多层次、整合性的教育融合，这也是学校的最高目标。要想真正实现"五育融合"，"五育并举"是基础，而落实"五育并举"的路径与方式则是"五育融合"的关键点。因此，为真正达成"五育融合"教育理想，学校必须打好课程实践的基础，以立德树人为根本，将德育贯穿"五育"，突出课程的整体性、融合性和过程性，深入推进"云彩课程"的改革与实施。

（一）以德树人，构建"四课程十活动"育人路径

根据"七彩阳光耀祥云"办学理念，以云彩课程为支撑，以云品系列活动为载体，以家校社协同为依托，构建"四课程十活动"育人路径，培养"向上向善"的新时代云彩少年。

1. 上好四堂课，促"两立两育"

一是思政教育课程立志，培养红色少年。通过道德与法治课、班会课，入队、少代会、红领巾宣讲等每周、每月红色仪式加强学生爱党爱国教育。二是品格教育课程立人，培养文明少年。根据8个主题，即有序、勇敢、善良、诚信、爱国、友善、创意、责任，每月开展一个品格主题活动。三是传统文化课程育情，培养人文少年。通过国学经典晨诵、"梦回盛世"系列庙会等，将家国情怀、学校情趣、社会情感融于学习过程之中，继承和弘扬中华优秀文化精髓。四是心理健康课程育心，培养自信少年。关注学生学习生活状态，做好健康状况排查，构建年级行政、班科教师、家长信息互通机制，开设每周一节心理健康课，一月一次心理辅导课，一年一次心理健康筛查，建立特异质学生心理辅导专档，定期进行跟踪询访和个案辅导，增进师生情感交流，鼓励学生自信发展，提升学生面对困难的韧性和勇气。

2. 抓十项活动，提升综合素养

以"四月四节一项目一服务"十项德育活动，为提升学生综合素养搭建平台。开展"体育月、国庆月、劳动月、安全月"，培养学生拼搏、爱国、勤劳、自我保护等意识和素养；办好"科技节、环保节、艺术节、感恩节"，培养学生创意、节约、灵动、感恩的素养。积极开展"中外人文项目交流活动"，对外宣传交流中华优秀传统文化，加强国际理解教育和增进文化自信。做好志愿服务，倡导"上

善祥云,乐行公益",培养责任担当少年。2020年11月11日成立了四川省首个学校公益组织——"云朵公益学院",全员师生注册成为"云朵志愿者",一年来组织公益活动36场,参与人数达1000余人。

(二)以智育人,促进学习方式变革

1. 优化课程,扩充资源

学校以"乐学乐思"为智育培养目标,持续性优化"云彩课程"体系,开展语文、数学、英语、科创等学科"第二课堂"建设,在教科院的指导下自主探索实施"群文阅读""生根的数学""英语分级阅读""自然拼读""人工智能编程"等校本课程,深入推进国家课程的校本化实施,为培养学生学科核心素养和高阶思维拓宽平台、扩充资源。

2. 落实"双减",愉快学习

严格落实国家"双减""五项管理""考试管理"等政策要求,制定校级各项管理方案和制度,重点强化"三级"作业管理机制,每日公示、每日监督和指导。同时,提高学生课堂学习效率和教师作业设计水平,通过课例解析比赛、作业设计比赛等磨炼教师教学能力,提高学生课堂学习效率,减轻学生低效课业负担。

3. 以生为本,个性学习

从学生视角出发,以培养学生的综合素养、减轻学生低效课业负担为目标,充分利用清华附小网校、武侯三顾云等项目平台,积极开展"双线融合"式学习、项目式学习、合作探究式学习、实践体验式学习等,激活学生学习兴趣、释放学习潜能、提升思维层次,让学生在随时随处的学习体验中收获成长与自信。学校"三段式"混合学习案例、师生项目式学习案例等多次在全区分享、推广,2021年我校五年级三班师生受邀参加"四川省第一届项目化学习学术研讨会暨优秀课例展示"并荣获一等奖。

(三)以体励志,促进学生身心健康、体魄强健

构建"悦动体育"课程,形成"3+1+X"课程体系。每周3节常态体育课,1节足球训练课,1节特色课(其中,1~3年级是形体课,4~6年级是篮球课),尊重不同年龄段学生的运动需求。落实"体育艺术2+1"项目建设,重点以足球和健美操运动为突破口,以"祥云足球杯"班级联赛推动校园足球全面发展。学

校足球代表队参加市区级比赛并获奖23次；健美操代表队连续四年在成都市级比赛中获得一等奖5次，推送多名学生参加区级运动会，在比赛中塑造学生健全人格。常态开展体育活动月、竞技运动会、亲子运动会，在运动中铸就学生向上拼搏的正能量。自编京剧操、体能操和放松操，让大课间成为孩子们最喜爱、最期待的运动时光。阳光体育运动，每天锻炼一小时，以健康运动促进学生身体的良好发育，有效抑制肥胖率、近视率，学生体质健康合格率保持在98%以上。学校也荣获"成都市阳光体育示范校"称号。

（四）以美育人，提高学生审美和人文素养

多元融合，浸润滋养。根据"课堂教学、课外实践、校园文化建设、艺术展演"四位一体的融合机制的精神要求，深入开展艺术课堂教学研究，重视学生体验，将现代教育技术引入艺术课堂，提升课堂质量和整体育人功能。同时，实施长短课时，创设70分钟美术课，留足时间让学生在课堂上充分创作。打造陶艺、书法、版画等美育特色课程，大力开展以美育为主题的跨学科校内外实践活动和校园文化建设，每年举办的"云星闪耀"艺术节成为学生才艺展示和艺术熏陶的盛会。发挥艺术社团的育人价值，引导每位学生至少有1项艺术爱好、掌握1项艺术技能，建设以弦乐、合唱、京剧、舞蹈、书法等为主要方向的高水平学生艺术社团，参加国家、省、市、区中小学各类展演活动取得优异成绩。2020年学生艺术素质测评全校平均分为95.58，处于全区小学前列。学校荣获"成都市京剧传承示范校""成都市艺术特色示范校""武侯区艺术特色示范校"等荣誉称号。

（五）以勤立人，构建劳动课程新样本

学校构建了"学校—家庭—社会"三位一体的劳动实施体系，形成服务自己、服务家庭、服务社会的"三服务"劳动教育特色，将劳动目标、劳动任务、劳动成果的检查、评比、反馈和表彰融入每一项服务中，让学生在劳动中实现知行合一的成长。立足校内劳动课程，挖掘学科中的劳动育人功能，每周一节劳动与锻炼课、家政课，培养学生的劳动技能；开辟种植园，分配"责任田"，体验劳动耕种的艰辛；评选"金扫帚"，在常规清洁劳动中培养集体服务意识。加强家校合作，增进家庭生活劳动，做好日常家务，全面提高学生的自理能力。拓展校外实践平台，积极组织学生在区域内开展公益劳动，分享劳动成果，关心他人、

服务社区、服务社会。2021年10月学校在中国教育科学研究院教育综合改革实验区"劳动教育与综合实践活动"成果展示研讨会上以"云里云外·香满园"为主题的劳动教育工坊展示,获得与会来宾和专家的一致好评。

五、注重协同过程的改革评价

2019年中共中央、国务院《关于深化教育教学改革全面提高义务教育质量的意见》指出,要"强化课堂主阵地作用,切实提高课堂教学质量","探索基于学科的课程综合化教学,开展研究型、项目化、合作式学习"。国务院办公厅印发《关于新时代推进普通高中育人方式改革的指导意见》也明确提出,"全面实施新课程新教材""积极探索基于情境、问题导向的互动式、启发式、探究式、体验式等课堂教学,注重加强课题研究、项目设计、研究性学习等跨学科综合性教学,认真开展验证性实验和探究性实验教学"。这些文件均强调了基于学校课堂主阵地的"学科融合",创新教与学方式,培养新时代全面发展的人才。

因此,学校育人目标的达成需要依托课程的建构与实施,而课程的实施成效重点在课堂,关键在教师。"五育融合"课程对教师的教学方法提出了更高的要求,教师必须坚持"以学生为中心",倡导启发式、互动式教学,用全面、融合、发展的眼光对待教育教学活动,强调多元、灵活、分层的教学方法,注重合作、协同,高效支撑"五育融合"的实践路径。近年来,学校在国家、区域政策的指导下,注重课程实施过程的"协同性"与"融合性",借助智慧教育实践项目探索课堂教学改革,提出"云智课堂"理念,构建学校教学主张"一二三四五",并完善课堂评价机制,保障"五育融合"课程的高水平实施和教育高质量发展。

(一)"云智课堂"概念的提出

传统课堂教学模式下的教师小心翼翼,缺乏对学生的信心,教师习惯于让学生跟着教学设计走,害怕暴露学生问题,学生的学习被束缚得过紧过牢,无法实现学生的活学、善学、乐学。"双减"之下,课堂时间更加珍贵,课堂效率亟待提高。在专家的指导下,学校实施"云智课堂"改革:教师转变和优化教育观念,利用现代信息化手段,以课堂教与学模式的变革为突破口进行的高质量、高标准、高效率的现代课堂改革。"云"既与学校校名中的"祥云"相连,代表学校教育的向上向善、教师的温暖锦色、学生的绚烂灵动,也意指借助突破性的技术手段——"云"技术实现高效的课堂教学;"智"则指向学生核心素养、师生智慧的生成。"云智课堂"聚焦于生长,聚焦于多维度地满足学生的学习需求,培养有思维力、学习力、创造力的聪慧少年,培养全面发展的人。

(二)"云智课堂"的教学主张"一二三四五"

在学校各部门及骨干教师的协同参与下,学校提炼出"云智课堂"教学主张"一二三四五":一个中心——以学生为中心;坚持"两善于"教学理念——善于放手学生暴露思维、善于应对生成形成智慧;制定"三追求"——价值性、关联性、融合性;构建"四推动"——问题驱动、情境带动、工具撬动、多维互动;实施"五必有"——有设计、有分工、有合作、有工具、有评价的活动化教学模式。激励学生在活动中探究知识的生成,提高课堂教学效率,提升学生学习质量(如图3-1所示)。

图3-1 "云智课堂"——教学主张"一二三四五"

"云智课堂"倡导以学生为中心,重视对学生学习、生活的指导与帮助,强调在任何学科的学习活动中都应适时渗入"五育"内容,以学生的全面、可持续发展为中心。同时,调动学生自主性学习、创新性学习的积极性,培养学生研究学习和合作学习的能力。在教学过程中,教师应创设积极的问题情境,充分地暴露学生的思维,将学生的思维起点作为教与学的起点,在课堂中师生"协同"创建良好的教与学氛围,生生"协同"在交流、讨论、辩驳、反思和成长中高效完成课堂学习。通过对单一学科进行跨学科融合的方式,全方位锻炼学生的综合能力,开阔学生的学科视野,培养学生的广泛兴趣,实现全面发展,让课堂教学真正成为"协同"理念下的合作共生。

（三）"云智课堂"的实施与质量评价

1. 常态落实保障课改生命力

为更好地落实"云智课堂"理念在常态课堂教学中的探索与实施，促进学生的多元能力发展，学校于2021年制定了《成都市龙江路小学中粮祥云分校"云智课堂"方案》，并同时出台课堂标准、细则及监测评价方案（见表3-2）。全面开展校本研训，要求教师在常态课堂教学中探索实践"云智课堂"改革理念。2022年，学校基于"云智课堂"标准和细则，以及专门设计的课堂教学设计模板，实施课堂质量监测，纳入教学常规、赛课赛研等评价，课堂评价结果与教师期末绩效等奖励挂钩。每学期由学科分管行政带队，与组长及学科骨干教师共同深入组内每位教师的随堂推门课，依据评价细则对常态课进行细致的观察、分析，课后根据学生的即时学习反馈综合评价，并与上课教师开展深入交流，对教学优劣进行讨论与磨合，给予调整优化的时间，后期二次或者三次再进课堂，补充发展性评价，形成培养与评价闭环，协同促进团队教师的成长与进步。

表3-2 成都市龙江路小学中粮祥云分校"云智课堂"评价量表

教师：	课题：	学科：	年级：	日期： 年 月 日	评价人：

评价项目	评价指标	具体评价内容	分值	得分
教学准备（10分）	备课情况	精心备课——目标定位、内容安排、活动设计等科学适宜，且与实际上课内容一致	5分	
	上课准备	准备充分——教具准备充分，按时到岗组织学生	5分	
教学过程（70分）	教学策略（35分）	问题驱动——问题设计具有启发性和思辨性，展示问题解决过程和思维过程	10分	
		情境带动——在主题引领下情景设计有效，激趣方法灵活得当	5分	
		工具撬动——各类学习资源运用充足适宜，工具使用能有效提高课堂效率	10分	
		多维互动——精心设计教学活动，为师生、生生互动搭建平台，有效应对生成，及时评价激励	10分	
	学习状态（35分）	良好习惯——善于倾听、认真思考、乐于发言，课堂氛围规范民主融洽	5分	
		积极态度——积极参与师生、生生互动，敢于充分表达观点，暴露思维	10分	
		科学探究——对学习内容有兴趣，有勇于探究解决问题的强烈欲望和实事求是的科学态度	10分	
		高效合作——小组学习有序开展，多角度展现自主与合作，并达到良好的学习效果	10分	

评价项目	评价指标	具体评价内容	分值	得分
教学效果（20分）	科学性	教学专业——呈现出扎实专业的学科教学功底，教学内容无明显知识性和逻辑性错误	5分	
	达成度	目标达成——学生在知识、能力、思维、情感态度方面有明显收获，达成学习目标	10分	
	认可度	学生满意——学生有兴趣并且喜欢课堂学习活动，个性得到尊重、展示和发展	5分	
存在的问题及改进建议：				
特色亮点：				

2. 精雕细琢提升课改价值性

学校每学期中开展一轮基于课堂变革的"云智课堂"教学比赛，教师们基于学校课堂教学理念，自主设计，组内磨课，呈现团队的实践研究成果；在此基础上遴选优质课例和优秀教师，由专家进一步指导优化课堂教学设计与实施，参加学期末的"云智汇"教学研讨活动，展示实践成效，促进相互学习，真正实现在新时代背景下从思想到实践的变革，让教学更科学、更高效、更有价值，也让课堂教学评价更务实、更有效、更具激励性。

[案例2]

践行协同理念的党史教育活动

学校的党建、团建、少先队建设工作要走进教师心中去，到学生的生活中去，到家长的困惑中去，通过寻找问题、解决问题、实现共育效益的最大化。值得思考的是，党建如何带动团建和少先队建设？这个问题涉及学校工作的系统性变革，学校必须首先确立"党领导教育"的思想，工作应该从管理向治理转变，牢固树立"以人为本、服务为先"的意识，变控制为疏导，变约束为服务，汇聚能量、协调步伐，实现学校与师生个人的共同发展。

以成都市红牌楼小学党建带动团建和少先队建设的实际案例为例，谈谈协同治理背景下，如何更好地开展德育活动，促进团建和少先队建设，在党的领导下促使现代学校制度不断完善,让民主管理、共同治理成为习惯。

一、强有力的组织保障必不可少

学校要保证各种活动、工作顺利开展,成立强有力的组织机构必不可少。

(一)成立组织机构

学校首先成立了以党支部书记为主要领导,党支部委员、团支部书记、德育主任、大队辅导员、家委会代表为成员的领导机构。机构成员分工明确,各负其责。

(二)制定实施计划

学校党支部、团支部、少先队、家委会每年都有自己的工作计划。学校党支部首先将支部计划制定出来,然后迅速下发到团支部、少先队及家委会,要求他们根据党支部计划结合部门实际制定自己的工作计划。这样做就可以让党支部的计划贯穿到其他部门的计划中,做到党建引领始终。

二、重视实施过程,保障落实有力

学校党支部的各种活动尽量邀请团支部、少先队代表参加,让团员们、少先队代表们感受党组织生活的庄重、严肃,受到熏陶和教育。

党支部还经常和团支部委员一起与党外人士交心、谈话,了解群众的心声。开展对少先队员、家长们的无记名问卷调查,收集教师、家长、少先队员的意见建议等,并在适当的时候,安排分管领导给予教师、家长、少先队员回复。系列活动加深了党与人民群众的血肉联系,为学校和谐发展提供了动力。团支部和少先队在这一系列的活动中,得到了锻炼,受到了教育。

以红牌楼小学德育部门在党支部领导下,通过党建带团建、队建的方式开展党史教育活动为例。

2021年,中国共产党迎来百岁生日。100年来,中国共产党领导人民经过艰苦卓绝的武装斗争,建立了中华人民共和国,从根本上改变了中华民族的命运,写下了彪炳千秋的光辉诗篇,带领伟大祖国走上了繁荣富强的幸福之路。

习近平总书记在党史学习教育动员大会上的讲话提出,党的历史是最生动、最有说服力的教科书。历史是最好的老师,我们党的历史是中国近现代以来历史最为可歌可泣的篇章,历史在人民探索和奋斗中造就了中国共产党,我们党团结带领人民又造就了历史悠久的中华文明新的历史辉煌。

习总书记还指出:要抓好青少年学习教育,着力讲好党的故事、革命的故事、英雄的故事,厚植爱党、爱国、爱社会主义的情感,让红色基因、革命薪火代代传承。

为了让小学生更好地学习党的历史,学校党支部和团支部年初就做好了"党史学习活动计划",党支部多次研究如何落实党史教育活动。

学校面临的问题是:小学生年龄小,知识面较为狭窄,思维特点以具体形象思维为主,抽象逻辑思维才刚开始发展,如何在小学生中开展党史教育,才能让他们喜欢听、听得懂、看得明白,积极参与到党史教育活动中来呢?这些问题引起了学校德育部门的思考。

在学校党支部书记的带领下,学校支委委员、团支部书记、德育负责人、少先队大队部经过多次研究,形成了以"知党史、树初心"为主题,以"听、说、学、行、写"参与式活动为教育方式的党史教育活动体系,最终制定了《成都市红牌楼小学知党史、树初心,做幸福"红孩子"》系列活动方案,并按照计划表逐一落实。

(一)听红色故事,忆峥嵘岁月

小学生非常喜欢听故事,学校请了革命前辈到学校讲英雄故事。在区少工委的指导下,学校和武侯区军休中心的干部取得了联系,非常荣幸地请到了老干部程爷爷。

那是四月一个风和日丽的下午,嘹亮的队歌声在红牌楼小学阶梯教室里响起,阶梯教室座无虚席,武侯区军休中心领导、红牌楼小学校长和红牌楼小学五年级的全体师生一起参与了主题为"老兵永远跟党走,庆祝建党100周年"的少先队活动。

"我们是共产主义接班人,继承革命先辈的光荣传统……"

活动开始时,少先队代表为程爷爷佩戴红领巾,以此表达少先队员们对革命前辈的感恩之心。在经久不息的掌声中,程爷爷满怀着对党的一片赤诚之心,开始了他深情的讲述。

"姐弟从军""入朝行军""上甘岭战役支援胶""停战联欢""一封慰问信""'傻

瓜'苹果""告别毛岸英烈士墓"……一个个精彩的故事绘声绘色,仿佛把所有的人都带到了那个英雄的岁月。教师们和同学们都听得入了神,听到动人之处,有的人眼睛里饱含着泪水。

"我没有见过你的人,但我知道你的姓名,你是——最可爱的人,我爱你;等到你凯旋的那一天,不管你是健康的,还是残疾的,我都爱你,因为——你是最可爱的人!"程爷爷深情地朗诵着当时写给抗美援朝英雄们的慰问信,让五年级的少先队员们和教师们真切地感受到祖国人民对志愿军战士们的崇高敬意。

程爷爷讲的英雄故事感染了所有人。五年级的一个学生说:我们现在的和平是革命烈士用鲜血换来的,我们不能忘记他们,我们向每一位英雄战士致敬!"

一位教师说:今天聆听了老英雄讲的故事,我深受感动,我们要铭记历史、接续奋斗,把红色基因代代相传。

程爷爷的革命故事,让学生感悟到了革命年代的峥嵘岁月,革命的种子根植在了每个少先队员内心深处。致敬英雄,让红色精神代代相传、生生不息。

(二)寻革命足迹,讲革命故事

为了追寻红色足迹,勇担时代使命,培养爱国情怀,四年级全体师生在学校阶梯教室开展了"'寻找红色足迹,追寻红色记忆'——重温革命历史,讲述中华民族的伟大复兴"分享活动。

活动前期,四年级各班充分利用"五一"节小长假,让红孩子们在家长的陪同下,参观红色基地,零距离地了解革命历史和红色文化,感受祖国半个多世纪的风雨历程。"五一"假期结束后,各班组织红孩子们开展班级宣讲活动,每班选出2~3名红孩子参与本次年级的宣讲活动。

宣讲会上,红孩子们生动地为教师和同学们传播了红色故事。四年级一班的小钟同学讲述了中华人民共和国十大元帅之一的陈毅元帅的故事,带领大家去感悟这位开国元帅的家国情怀。

四年级四班的小杨同学、四年级二班的小廖同学、四年级三班的小邹同学和小艾同学带领大家走进了建川博物馆,去感受"红军长征 在四川"的悲歌壮举。

四年级四班的小秦同学带领大家走进了渣滓洞,革命烈士曾在那里遭受严酷的拷打、极刑及非人的折磨。虽然烈士的躯体日渐衰弱,但他们精神的脊梁永远坚挺。

四年级二班的小刘同学和四年级三班的小罗同学讲述了革命英雄黄继光的故事。在抗美援朝战役中,年仅21岁的黄继光用血肉之躯堵住了敌人的枪眼,为身边的战友开辟出前进的道路。他那大无畏的英雄壮举感染着我们一代又一代的新时期革命者。

四年级一班的小杜同学和四年级四班的小夏同学参观了邓小平故居,中国社会主义改革开放和现代化建设的总设计师邓小平同志就诞生在这里,全体师生一同跟着两位宣讲员走进邓小平故里,聆听着春天的故事。

回首是为了更好地前行,解读是为了更好地传承。宣讲结束后,全体红孩子起立宣誓:鲜艳的红领巾作证,鲜艳的五星红旗为我们作证,我们是民族精神的传承者!我们是共产主义接班人!不忘国耻!振兴中华!

活动中,学校党支部书记、校长邹芳也发表了即兴演讲,她指出,红小的"红"实质是"爱",这和我们红色精神的"红"是一脉相承的,红孩子们要不忘初心,永记历史,才能不断前进。同时,邹芳校长也希望还没去过红色教育基地参观学习的红孩子,可以利用周末或者寒暑假,请家长们陪同参观学习,寻访红色足迹,学习和传承红色精神,助力红孩子们未来的成长。

小小红心永向党,懵懂初心永不忘。宣讲活动让学生参与进来,通过同龄人的讲述拉近了学生心灵的距离,讲述者和听讲者都受到了深深的教育。通过这种方式,党在学生心中树立起了一座座丰碑。

(三)学红色精神,承红色理想

1. 班会学党史

根据团区委、区少工委的要求,学校落实开展"党史我来讲、红色照我心"线上主题队会学习活动。学校利用班会课、队会课时间学习党史,学习内容以中国共产党党史上的重要时间为线索,按照"革命、建设、改革、复兴"四大篇章,按计划学习。

2. 线上学党史

学校组织少先队各中队在线上开展学党史主题活动,将党史系列短视频

20集推给学生观看。学校还利用各班电子班牌,将党史视频放在上面,学生随时都可以点击观看。上传的内容有:(1)红船精神;(2)王右木同志;(3)长征;(4)赵一曼;(5)朱德;(6)陈毅;(7)黄继光;(8)川藏公路和成昆铁路;(9)两弹一星;(10)三线建设;(11)小平您好;(12)改革先锋;(13)生态屏障。

常学常看,让大家对中国共产党有了更深刻的了解,党的历史这本最生动、最有说服力的教科书被用活了。

(四)童心向党,少先队在行动

1. "知党史、强体魄、树初心"——别开生面的运动会开幕式

结合加强"党史、国史"的教育培养和红小办学理念,红牌楼小学于2022年4月底开展竞技运动活动。运动会综合"党史、国史"的教育培养和红小办学理念,以"知党史、强体魄、树初心"为目标,秉承学校原有几届运动会的优良传统,各年级组的红孩子通过学习共产党历史上的重要事件,将每件事用艺术的形式展现出来,对中国共产党历史认识与理解进一步提高。

二年级同学穿着红军服,表演《井冈山会师》,一张严肃的小脸上中透露着对革命先辈的无限敬意;三年级孩子们从红军英勇抗敌的故事中体会红军不畏牺牲的精神,进一步体会鲜艳的红领巾是用鲜血染成的;四年级孩子们表演的《飞夺泸定桥》,惊心动魄的场景让现场的老师和同学都捏了一把汗;五年级同学表演朗诵《长征组歌》气势不凡;六年级同学歌唱黄河让大家看到奔腾不息的华夏精神;最后,当一年级小朋友手拿红星,面带微笑,用稚嫩的声音演唱《歌唱祖国》时,全场师生忍不住和他们一起高声歌唱,表达对祖国的热爱,表达对革命先辈的敬意,表达对红领巾的向往。

2. 红领巾心向党——庄严的一年级少先队入队仪式

有一种骄傲叫"戴上红领巾",有一种光荣叫"加入少先队",有一个响亮的名字叫"少先队员"。为深入开展社会主义核心价值观教育,培养和增强少先队员的组织归属感、光荣感。2021年5月24日,成都市红牌楼小学全体师生和家长代表在操场隆重举行了"红领巾心向党"一年级少先队入队仪式。

少先队旗手迈着整齐有力的步伐,高举队旗步入主席台,随着雄壮高昂的旋律响起,全体队员高唱《中国少年先锋队队歌》。大队辅导员尹老师逐一宣读一年级新队员名单,六年级的少先队员为新队员佩戴少先队标志,在大队委带领下庄严宣誓。邹校长为一年级四个中队授队旗，并发表了热情洋溢的讲话，对新队员的加入表示祝贺，希望他们将少先队的光荣传统传承下去，让爱的种子在校园生根发芽。新入队的队员们满怀信心，充满了自豪感。

3. 童心向党，闪闪红星放光彩——庆"六一"，唱红歌主题活动

沐浴党的光辉，共唱礼赞之歌，红色旋律温润童心，红星与红心辉映，让我们一起唱响红歌。

2022年5月31日，成都市红牌楼小学校园里彩旗飘扬，浓厚的节日气氛感染着每个人。学校的"童心向党，闪闪红星放光彩"庆"六一"、唱红歌主题活动开始了。三年级一班的红孩子及家长以一首《闪闪红星》歌舞表演拉开了节日活动的帷幕。紧跟而来的是学校青年团员教师的演唱《光荣啊，中国共青团》，赢得了孩子们的阵阵欢呼。学校音乐组老师和全体党员教师合唱的《灯火里的中国》，更是掀起了阵阵高潮。最后，全校师生高举国旗和党旗，齐唱《没有共产党就没有新中国》，整个校园仿佛是一片红旗和歌声的海洋。庆"六一"，唱红歌，为党的百年诞辰献礼，所有的人再一次受到了爱党、爱国的教育。

（五）写心中的感受，内化党史教育

学校低年级开展"我爱共产党"绘画行动，将作品张贴在班级板报里；中高年级开展"学党史，学英雄，说说心里话"征文活动。学校通过系列活动，让学生对党有了更深刻的认识。学生受到了教育，红色基因的种子已经播撒在学生心中。

红牌楼小学党史教育活动仍然在创新实践当中，本着让少先队员能更广泛地了解党史知识、更多地参与体验学党史活动、更坚定地树立"从小跟党走"的初心，学校继续积极开动脑筋，结合小学生的身心特点，开发更多小学生喜闻乐见的学党史活动课程，让更多的学生参与到党史教育活动中来。

这只是学校在党支部带领下，开展团支部建设和少先队活动的一个缩影。学校将继续探索将党建工作融入学校思想教育、教学、后勤，以及家校教育等各个方面，促进民主、开放、包容办学，让教师、学生、家长参与到学校教育教学管理中来，从更高层面上实现协同治理、协同育人，办人民群众家门口的好学校。

第二节 学科协同融合

立德树人根本任务要求中小学校要坚持"五育并举",全面发展素质教育,培养德智体美劳全面发展的社会主义建设者和加班人,要深化课程育人、文化育人、活动育人、实践育人、管理育人、协同育人。这对中小学教育提出了新的要求,学校要不断推动教师探索基于立德树人为目标的跨学科融合课程的开发和实施。

学科协同育人以资源整合、打破知识本位和单一学科壁垒为主要特征,符合党对新时代义务教育阶段教学提出的要求。协同育人的提出,突破了传统的分科教学模式,从一个更加宏观、整体的视角来对学生的学习发展进行审视,进一步明确了协同育人发展的来龙去脉,梳理了教学的目标主题。针对义务教育阶段教学中存在的学科教学割裂、知识体系难以形成整体的问题进行探索,通过学科融合,多元主体的协同育人,不但有效地增加了课堂中学生互动的时间,为学生各项能力发展提供了平台和可能性,还能够有效地提高教师课堂的开发平水、教学水平等专业核心素养。

过去,在开展教学时,笔者常常会思考:课堂教学的内容,学生真正掌握了吗?学生学到的知识技能能够灵活地运用于实际的生活中吗?自己的课堂教学到底有没有落实立德树人这一根本的教育目标?在这一过程中,笔者逐渐意识到,孤立的单一学科教学,很难帮助学生将学科知识内容以及实际生活与其他学科进行有效联系,导致学生的知识技能发展存在割裂,在面对实际问题时,不能够灵活地进行迁移应用。而教学过程由于缺乏对学生思想精神的教育,也很难推动学生的全面发展。因此,打破学科壁垒,整合学习资源的协同育人模式,才是落实立德树人、推动学生全面发展的必然途径。

[案例1]

践行协同理念的学科融合主题课程

有效推动跨学科深度融合的协同育人,必须明确协同育人的教学目标,只有明确的目标引导,才能够进一步保证之后各个学科之间的内容协同、策略协同以及育人模式协同。而通过明确的目标引导,也能够帮助教师更好地把握协同育人的课堂教学,在教学过程中,更好地整合各个学科之间的知识内容,避免出现只是将各个学科知识内容进行简单叠加的"形式"协同(图3-3)。

图3-3 协同育人的教学目标

在协同育人理念的指导下,在"同呼吸 共命运"的课程设计中,以"道德与法治"学科的价值为引领,将数学统计图板块的内容教学与语文、思政教育进行了有效的整合,将教学目标与能力目标确定为:(1)理解人类命运共同体的内涵与价值;(2)经历收集数据、整理数据、分析数据的活动,体会统计在实际生活中的应用;(3)准确提取非连续性文本的关键信息,形成相关的结论。过程与方法:(1)根据统计图,学生能描述、分析数据,解决问题;(2)通过对图文组合材料的综合分析,能条理有根据地发表观点。情感与态度:树立学生的本民族文化自豪感,同时也引导学生尊重世界文化的多样性,共同关注人类面临的全球性挑战。将新型冠状病毒肺炎疫情作为教学背景,引导学生回顾近期相关的新闻报道,引导学生提炼新闻中的数据信息,探究不同种类的统计图各自的优点以及缺点,并尝试通过复式折线统计图直观地对比两组数据的变化趋势。在这一基础上,引导学生结合统计图发现我国新冠疫情发展的趋势特点,帮助学生掌握从阅读组合材料中提炼出有价值信息的方法。最后,通过引导学生结合之前学习的内容对材料进行交流讨论,在培养学生表述能力的同时,也有效地帮助学生培养了人类命运共同体的意识。

一、多学科教学内容的协同

虽然数学、语文等学科表面上看存在较大的差异,但是细细思索,各个学科之间却又存在着紧密的联系。比如语文学科作为基础教育体系中的重要学科,因为其人文性和工具性的特点也是其他学科开展教学的基础,是课堂教学进行交流沟通的重要工具;而数学学科中包含的逻辑思维、数学思想和数学方法,也是帮助学生培养学习能力,建立正确学习思维的内容。因此,教师通过把多个学科的知识点进行把控,结合同一主题进行梳理,就能够有效地提炼出服务同一主题的教学内容,使各个学科的内容在课堂教学的过程中能够服务于同一教学目标。在这一过程中,并不只是单单地依靠某一学科的知识内容来服务于某一目标,而是通过教学内容的有效协同,强化目标的落实培养,从而实现 1+1 > 2 的效果。

图 3-4 协同育人的整合

以"同呼吸 共命运"课程教学为例,在本次教学中,主要是帮助学生理解人类命运共同体的内涵与价值,在培养学生正确价值观念和精神思想的同时,借由课堂的项目学习过程,通过语文学科教学的略读、快读,以及提炼语篇中心句主要信息的技能,为学生分享近期新闻的播报内容,要求学生从大量的新闻报道中提炼出关键信息,在规定的时间内,把握新闻的主要内容,为之后选择统计表的种类、制作统计表进行指导,并在这一过程中,结合新闻内容,感受到在疫情面前,人类团结合作,众志成城带来的震撼以及取得的成就,培养学生收集数据、整理数据、分析数据的能力。而后,通过引导学生选择统计图类型,制作对比数据的复合型折线统计图,让学生对于新闻中播报的数据有更加深刻的体会,加深学生对于新闻内容的感受,深化其对于人类命运共同体的理解认知。借由这一过程使得语文学科的教学内容和技巧能够服务于思政和数学的目标培养,而数学和道德与法治课的教学内容又能够得到进一步深化,提高学生语文学科的学习内容和技巧,进一步推动三者内容的深度融合,实现协同育人的最终目标。

二、多学科教学策略的协同

协同育人课程应该选择怎样的教学方法?应该构建怎样的教学模式?是照搬日常课堂教学中成熟的教学体系,还是结合协同育人的理念进行优化改进?如何在协同育人的课堂当中有效地强化教学资源的整合,打破学科之间的壁垒,推动学生的全面发展,落实立德树人的教育目标?这些都是教师在开展协同育人教学时值得思考的问题。其实协同育人并没有一个统一的、标准的教学方法,而是需要充分尊重学生这一课堂教学的主体,通过把握学生认知发展规律、兴趣爱好和性格特点,结合协同育人预设的教学目标和选择的教学内容,选择恰当的教学策略来帮助目标内容的落实开展,进一步实现课堂教学策略的协同育人。在这一过程中,并不单单只是将教学的方法进行协同,更重要的是要将不同学科的教学思想进行协同。比如将语文学科归纳、概括、提炼的学习思想和数学对比、类比的思想进行结合,能够更好地对语篇中的信息进行体会感知,将数学图形直观呈现的思想带入语文渲染的情境,与人类共同体思想的培养进行有效整合,能够帮助学生加深对于人类命运共同体的理解和认知。总的来讲,策略的协同并不只是教学形式上的协同,更重要的是,将不同学科的教学理念,教学思想进行深度的融合,使其作用于同一目标,形成有效的协同育人合力(图3-5)。

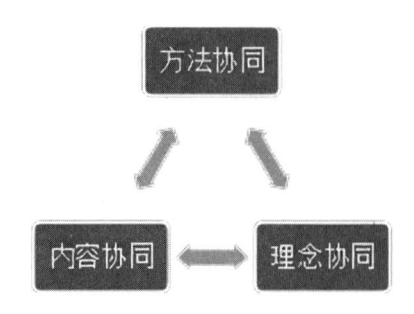

图 3-5 协同多学科教学策略

以上述列举的融合课程为例,在本次教学活动当中,我们为学生设计了提炼新闻中的主要信息,并用统计图进行直观展示的环节。在这一过程中,就将语文学科归纳、总结和提炼中心句的思想与数学图像直观展示的理念进行了有效融合,使得它们共同作用于帮助学生感受我国疫情发展趋势,体会人们通力合作取得的伟大成就,加深学生对于人类命运共同体的理解和感受,让学生认识到团结合作、互相友爱的重要价值。而在引导学生分析几组文字材料、结合统计图阅读后表达自己新发现的环节当中,又将语文的概括总结与数学的逻辑思维进行了深度融合,让学生能够更加精确、更加详略得当地进行所见所闻所想的表现,提高学生的语言综合表达能力,并使学生能通过语言展示自己对于人类命运共同体的认知理解。

三、多学科协同育人模式的建立

无论是目标的协同、内容的协同还是策略的协同,其最终目标都是服务于学生的成长发展,甚至包括教师自身的成长发展。因此,从根本上来讲,协同教育最核心的内容就是育人模式的协同。而什么是育人模式的协同?其实就是把握学生以及教师实际的成长和学习需求,坚持立德树人这一根本的教育目标,通过有效地整合学科目标、学科内容、学科策略,实现学生和教师全面成长发展的这一过程。因此,想要有效地实现育人模式的协同,就必须从教师和学生两个方面入手。

针对教师而言,必须改变自己的教育理念,树立协同育人的正确观念,明确学科之间知识是相互联系的,各学科知识综合才构成了学生的整体素养;必须从多角度对教学进行思考探索,在这一过程中,不断提高自身的专业知识储备和专业教学素养,充分考虑学生实际学习情况,从而科学且适宜地为学生开展协同育人教学,使教学面向全体学生,契合学生发展的实际诉求。

针对学生而言,则需要提高学生学习过程中的参与深度,促使学生主动探究学科之间的联系,完成认知体系的融合重构,不受学科限制地运用知识来解释、同化新的知识技能。比如本次课程设计中,学校就结合了探究式学习理念和项目化学习理念,将语文、数学和道德与法治课的内容进行了整体把控,加强了三者内容思想方法上的协同,通过为学生设置相应的驱动性问题,增加了学生参与学习的深度,也丰富了自身的教学经验,在落实课程教学目标的同时,也推动学生的全面发展,落实了立德树人这一根本的教学目标。

协同育人并不只是简单的叠加,也不仅仅是各个学科之间的合作教学,而是在明确立德树人这一根本教育目标的基础上,通过尊重学生的认知发展规律和实际的学习诉求,有效地整合各个学科的教学目标,深度融合各个学科的教学内容、教学思想、教学方法,最终实现面向全体学生的育人模式协同,开展深度的、有实践价值的协同育人。

[案例2]

践行协同理念的课堂实践

道德与法治课程是一门以学生生活为基础,促进学生社会性发展的综合课程,对学生的未来健康发展起到了非常重要的作用。在五育融合的背景下,教育的理念已经呈现多元化、多样化,培养综合化人才是一种必然的趋势,项目式学习也应运而生。它是一种以学生为主体,教师指引学生围绕真实问题进行探究,并通过团队合作、自主建构知识等途径解决问题的学习方式。学生在学习的过程中,可以获得自主学习、团队合作和实践探究的能力。

一、项目式学习在小学道德与法治学科开展的必要性

随着科技的不断发展,人们获取信息的手段不断拓展,以掌握知识为目标的传统教学已经不能满足时代需要,培养综合化人才是一种必然趋势。在这种大环境的驱动下,教育不可避免地需要改革,教学方式亟需优化。基于此背景,项目式学习方式逐渐被应用于课堂之中。与传统的课堂教学不同,项目式学习

改变了老师教、学生学的传统教学模式,而是转化角色,把学生作为主体,把老师作为引导者。在项目式学习中,教师引导学生在现实世界中寻找问题,以团队合作的方式开展一系列探究性的任务和活动,专注于学科的核心素养,鼓励学生独立获取知识和学习技能,最终将所学的知识直接运用到实际当中。课堂结束教师还会运用文字、图片、视频等多种形式公开展示项目成果,以达到帮助学生自主建构知识和能力的目的,从而培养学生自主学习、团队合作等综合能力。道德与法治的灵魂是创新,而学科协同下的项目式学习是创新的最好实践途径(见图3-6)。

项目确定 ▶ 项目启动 ▶ 确定方案 ▶ 方案实施 ▶ 成果展示 ▶ 反思评价

图3-6 项目式学习六大关键环节

下面将通过真实的活动案例"变废为宝有妙招"具体描述项目式学习在小学道德与法治课堂中的实践与探究。

二、设计项目化学习的经历

(一)构建模型,学科协同,确定活动框架

跨学科融合是项目式学习与传统教学模式的一大区别,这就要求道德与法治学科和其他学科在课堂交互运用中实现相互的碰撞,达到深程度的学习,这才是真正的项目化学习。同时,这会使学生自主地动手去参与和实践他们感兴趣的、并且和他们实际生活息息相关的项目,从过程中学习各种学科和跨学科的知识。在本次项目化学习"变废为宝有妙招"的课程活动中,学生共同探讨垃圾的回收再利用。在前期的学习过程中,学生已经了解垃圾污染对我们环境造成的破坏,认识了四种不同的垃圾和垃圾分类的方法,并在实践调查中完善了"垃圾都去哪了"的课题,收获了宝贵的经验。因此在这一课的学习中,教师以"地球母亲的眼泪"创设情境,引导学生针对垃圾的去向进行思考,设计探究式活动"垃圾循环我有招"。结合如何利用过剩的垃圾进行综合调查、艺术加工的实践活动,引导学生获得相应的科学知识、数学思维、美术素养等跨学科知识。在此基础上,确定了本次专题的"垃圾循环我有招"活动框架。

图 3-7 "垃圾循环我有招"活动框架

(灯泡 A：创设情境 提出问题；B：知识加油站；C：调查小分队；D：创意设计 动手探究；E：聚焦人文 关注社会)

（二）大胆创新，多重视角，设计活动内容

所谓学科协同，并不是简单地将各个学科的知识组合起来，它强调附着一个有吸引力的内容，让科学、技术、工程、数学、艺术知识相互碰撞，更应着重培养学生解决问题的综合能力和创新能力。在本次专题的活动阶段，结合了学校德育、社区调查的内容，让具体而丰富的德育内容在学生的实践与体验中得以拓展，既可拓宽德育的渠道，又能将学生生活实际融入社会大课堂，叠加育人效果能够大幅提高德育目标的达成度。

1. 情境激发，引导多维思考

道德与法治课程标准指出，设置问题情境，鼓励学生独立思考、发现问题、形成概念。在课堂的导入阶段，教师引导学生回顾垃圾乱丢对环境破坏的视频，出示课前学生自主拍摄到的生活垃圾照片，以最直观的图片冲击学生的视觉感受，让学生感受到人类在生产生活中，产生了过量的垃圾，已经对地球生态环境造成了实质的伤害，从而引起学生的共鸣。

教师启发学生思考：想象一下，要是你住的地方到处都是这种垃圾，你觉得怎么样？那我们该怎么办？紧接着，在快节奏的头脑风暴中，教师引导学生在真实生活情境中提出问题、明确任务，在问题驱动下开展项目式学习，适时导入"垃圾分类"的关键名词。通过问题的解决过程，使学生学会发散思维，提高学生的环保意识。

2. 科教视频，培养技术素养

生活化教学是小学道德与法治学科的一种有效的课堂模式，这就要求教师加强学习活动的综合性和探索性，注重与学生生活经验紧密关联。为了强化学生对垃圾回收利用的理解，教师播放了"厨余垃圾自述"的视频。厨余垃圾有什么用处？它还有哪些妙用呢？教师以递进式的提问引导学生思考，让学生带着问题欣赏视频，让学生意识到如今垃圾分类已经走进了千家万户，改变了人们的生活方式，为我们的生活提供便利和服务。

紧接着教师推出"知识加油站"，通过阅读科普材料，激发学生学习兴趣，帮助学生理解垃圾分类，并从中认识垃圾分类的优点和意义：垃圾分类的目的就是将废弃物分流处理，利用现有生产制造能力，回收利用回收品，包括物质利用和能量利用，填埋处置暂时无法利用的无用垃圾；我国政府将垃圾分类作为环保领域的重要发展方向，出台了多项政策规范居民垃圾投放，引导垃圾分类运营行业可持续发展。在阅读中，教师帮助学生了解行业前沿，培养学生的技术素养，让学生了解科学技术是如何为我们的生活提供便利、改变我们的生活质量的，从中加深了学生对科学概念的理解，也拓展了学生的思维。

3. 社会调查，积累社会经验

充分利用网络和社会资源，加强学生对社会的认识，提高道德与法治教学的效率。通过云平台推送相关视频、图片，让学生对垃圾回收有更深的认识和了解，并设置匿名评论，让学生敢于发声，引导学生提出自己的观点。除此之外，还让学生通过社区搜集身边的垃圾乱象和垃圾分类的现状，鼓励学生主动记录观察到的现象。通过教师的引导，学生在社会调查之后，通过"看中学""问中学"培养了他们的工程思维、问题解决能力、科学探究能力等，并进一步理解、积累了科学概念，对垃圾回收利用具有了较深刻的认识，为下阶段的动手实践做了铺垫。

4. 互动实践，助推道德与法治课堂

在教育信息化的今天，信息化工具正不断走进道德与法治课堂，这可以使老师走下讲台，走进学生中去，更好地关注学生的学习状态。在这一阶段，笔者设计了垃圾分类的游戏，让学生在游戏过程中参与作答，加深学生对垃圾分类的感悟。一个同学完成后，还能使用重置功能，请其他同学上台完成，也可让出错的同学再次上台尝试，并用手机实时拍照上传，展示学生的学习成果，这既是对这些同学极大的鼓励，也可以让其他同学快速看到优秀的作品并向他们学习，师生之间、生生之间的互动交流都得以实现。

5. 创意智造，提升美术素养

在新时代背景下，思政美育课程的开展有其必要性和重要性。它将美术

课程和思政教育有机融合，充分利用思政课堂这一渠道来开展思政教育。在本次活动中，笔者举行了一场"变废为宝艺术展"，让学生在观赏作品并动手实践，鼓励学生运用联想、想象和变通的方式尝试将垃圾变成一个美丽的工艺品，并自主寻找生活中的垃圾，运用常见工具和方法进行创造和实践之后，启发学生想一想：除了刚才展示的作品，我们能够运用垃圾进行哪些美术创意制作？启发学生思考：这些作品是结合了垃圾的什么特性？如何制作的？学生观察分析后表示易拉罐可以做成笔筒、纸箱可以做成收纳箱、废纸可以变成一幅美丽的画等等。

在指导学生观看"变废为宝艺术展"后，对学生提出明确的探讨学习单：尝试画一个废物利用的设计图（时间要求在15分钟以内）。具体要求包括：第一条，设计你们小组将共同完成的一件废物利用作品，画出设计图并辅以文字说明（设计理念，包括作品的造型与功能等）。第二条，你们的作品将实现什么用途？第三条，请按顺序写下你们具体的制作方案，并在右侧附上所利用的垃圾名称和数量。学生在小组研讨中，提高了自我探究能力和小组合作学习的能力。

最后小组分析与设计稿的绘制，鼓励学生在设计过程中从不同角度发掘废物利用的创意，如小组设计稿可行性不强，建议学生改进作品后再进行废物利用作品的制作。在设计过程中，学生结合废物回收再利用的主题活动创作出了各式各样的废物利用作品，有的学生用吃完的冰棍设计了小花瓶，还进行了美化；有的学生用矿泉水瓶创作出了帆船、飞机等立体形象；有的同学利用了纸巾圆筒的特点，做成了一个个活灵活现的小动物；还有的同学设计了一系列的海底生物，还布置了场景。学生充分发挥他们的想象力和造型力，在作业中展示自我，在活动中增进对团体活动的参与意识和责任心，制作了一件件美丽的艺术品。

6. 职业聚焦，关注人文素养

人文素养就是人的内在素质和文化底蕴，人文素养不仅是学生成长的关键素养，也是践行核心素养目标的重要内容，小学道德与法治课更是致力于培养学生情感、态度和正确价值观的重要阵地，道德与法治课堂中渗透人文素养教学使之成为教学内容的血肉和灵魂已经势在必行。因此，在最后的拓展阶段，将默默无闻的社会工作人员，如清洁工叔叔阿姨、社区工作人员，志愿者引入课堂，让学生深入了解他们的工作内容和辛苦，不仅拓展了学生的见识，提升其内在的人文艺术素养,也有助于他们未来的职业生涯规划。

　　总而言之,小学道德与法治教师在教学过程中,应充分利用项目式学习的优势将各学科融合到道德与法治课堂的教学当中,更好地帮助学生不被单一的学科知识所束缚,促使自己改变思维,以更宽阔的眼界去发现和设计贴切学生、符合学生年龄与认知水平特点的项目式主题学习活动。通过本次课程教学,也让道德与法治教师不再对道德与法治课程内容仅做狭隘的认知,不再仅仅停留在课本知识灌输的阶段,而是让我们更加注重以学生的生活经验为基础,去发展学生的空间思维能力和对美的感知、识别的敏锐能力;让我们在课堂中去鼓励学生在一定的教学情景下运用跨学科的知识去解决课堂中遇到的问题,使之获得现代社会发展所需要的学习能力。在创新发展的时代特征下,把握教育的本质,以学生核心素养为根本,推动学生的整体发展,对道德与法治的教学模式进行创新性改革,将项目式学习融入常态化的教学中,以此来实现教师的个性化教育目标和学生个人的可持续发展,这也将成为学校和教育工作者努力的方向。

第三节　班级协同治理

　　以班级授课制和班主任负责制为主要特征的班级管理体制已在我国延续多年。这一体制的优点在于以"班"为人员单位,按年龄和知识水平编成固定的班级,便于发挥教师的主导作用进行统一管理,便于学校合理安排教学内容和教学进度,从而有利于赢得教学的高效;但其局限性也较为明显,主要是在班级管理和教学活动过于强调班主任的个人管理。

　　班级管理直接影响班级的精神风貌和教学质量,也将直接影响学生的身心健康发展和知识水平的提高。在实际工作中,单靠班主任的力量是有限的。我们常说"团结就是力量",因此在班级管理工作中,实行班级协同育人是很有必要的。为此,我们积极开展并研究班级治理新途径——集体共治,班级协同育人。借转变教师意识,促进家长参与,引领学生治理的思路,改变传统班级治理模式。

首先,学科协同育人,形成"人人肩上有责任"的良好运行机制。落实"人人都是德育工作者"的教育理念,强调各学科教育的重要性,在各班级保留班主任、副班主任的同时,将当前年级组学科教师细化到各个班级,使他们共同参与班级管理,聚焦班级建设和课堂教学中学生德育问题的研究与解决,让各学科教师"既备课,又备班",建立各班级学生情况"台账",尤其是需重点关注特殊学生。此外,各班组织开展班级活动(例如大课间、班会活动、社会实践活动等)主动邀请科任教师到场,激发学科教师班级主人翁意识,促使他们形成与班集体共进退的思想觉悟,并逐步引领学生接纳科任教师,形成以班主任教育为主,副班主任教育为辅,各学科教师教育穿插的德育教育工作模式。

其次,家校协同育人,与家长建立"教育伙伴"关系,达成家校教育合力。家校的合力,会让学生得到更合理的教育。目前家长对学生的教育普遍缺少方法,对学校的工作缺少了解的渠道,与教师的配合不够紧密,不能很好地实现家校共同育人,尤其是"双减"后,家长比较盲目,不知道该何去何从。鉴于此,学校积极与家长对话,倾听家长的诉求,从家校联系、家庭教育、学校教学工作、孩子的行为习惯等几个方面对家庭教育、家校沟通进行调研,强调家访、家长会、家长学校、家庭教育讲座等工作内容,在家校间架起一座沟通的桥梁。

各班组建班级家委会,听取家长意见、建议,将重大节日、活动及日常教育教学安排等及时与家委会沟通,确保每一次工作的开展均得到家长认可与支持。家委会也参与到班级管理活动中,对班级活动、教室布置、家校合作教育等积极献言献策,例如积极参与班级周末活动开展、志愿服务等,加强家长与学校之间的交流,实现家校协同育人。

最后,生生共治,做到事事有人管、人人有事管、人人有人管、人人能管人。班级的日常事务比较琐碎,教师不可能面面俱到,但是通过培养学生的管理才能与调度能力,可以借助学生将班级的日常运行管理得井井有条。这不仅是培养学生自主管理的实践平台,同时还是学生产生民主意识与竞选概念的启蒙方法。在班级管理过程中,我们遵从孩子的天性,也充分给予学生民主权利,并指导他们科学地管理班级。从值日生到班干部,既是管理者、参与者又是被管理者、合作者,班级"事事有人管、人人有事管、人人有人管、人人能管人"。管理与被管理的相结合,提高了每一个学生对班级管理的参与度,使他们能在集体中找到自己的位置,感受到自己的利益和责任,也大大激发了他们的主人翁意识和责任意识,学生不仅能管别人而且能自觉地管理自己。

"一切为了孩子",不只是落在口头上,我们化为行动时,真情真心,我们希望龙小祥云的每个云彩少年都能焕发他们自己的光彩。龙小祥云以班级协同育人为突破口,让教师教管并重,与家长达成共识,促孩子智慧成长,班级管理中"你中有我,我中有你",彼此的心融合在了一起。

[案例1]

基于"两自一包"改革的班级协同治理

成都市龙江路小学中粮祥云分校是一所根植于成都市龙江路小学"愉快教育"传统的新兴学校。近年来,学校取得了可喜的成绩,是家长和社会认可的学校。为了凸显学校"崇品笃学,向上向善"的教育目标,彰显文化建设,形成办学特色,满足学校"个性化"发展,真正满足学生的兴趣和需要,关注社会和未来需求,加之学校为"两自一包"学校,赋予学校和教师相应的班级管理权利,同时还有可供选择班级管理模式的空间,教师的专业资质也满足协同治理的要求,具有构建班级协同育人的条件和可能性,学校倡导协同育人理念下,推动班级协同治理的建设。

一、主副协同,凝心聚力

(一)精准定位,形成班级"以生为本"的共同治班愿景

班主任是班级的管理者和指导者,是班级的责任人。副班主任是班主任班级日常工作的得力助手和有效补充,起到了举足轻重的作用。副班主任参与班级管理,配合班主任的正面工作,与班主任同向同行,形成协同效应。班

主任和副班主任定位要准,责任要明,思想要高度统一,分工要合理、有效。班主任和副班主任协同治理,构建高效灵活的班级管理制度,是一个班级稳定发展的基石。

(二)通力合作,构建齐抓共管、覆盖全班的共生工作机制

班主任、副班主任合力对班级进行制度化、规范化的管理,并肩携手,顾大局、识大体,为班级的发展出谋献策。

小学班主任是班级管理的策划者和组织者,对学生每个阶段进行宏观规划,副班主任需要熟悉班级工作,在合作中成长与进步。同时要具备较强的学习和观察能力,积极主动地与班主任合作完成班级各项工作。

副班主任要具备一定替代班主任工作、履行班主任职责的能力,要能够及时补位,做到无缝衔接,维护班级秩序,紧密关注班级活动,学生遇到突发情况时能够第一时间采取有效的行动,保证学生稳定、正向发展。

班主任在深入了解班内学生的成长背景、兴趣特长、个性爱好、身心健康情况的基础上,副班主任也要具有洞悉学生思想和学习动向的能力,并与科任教师之间形成合力,了解学生在各学科学习中的表现,促进学生综合全面发展。

在具体执行上,班主任和副班主任实现优势互补、全力配合,班级大事共同策划商议、共同参与,保证各项工作的高效开展。

班主任和副班主任在性格上实现优势互补、相互沟通,在处理不同的班级事务时,需要因人而异地开展班级事务,提前沟通,达成一致的治班理念,把控班级发展导向,洞悉班级动态,保证班级朝同一方向良性发展。班主任与副班主任彼此需要相互学习、共同进步,在各学科科任教师的通力协作下,把整个班级管理得井井有条,让班级打好基础,让好的学习习惯和生活习惯伴随孩子们度过整个愉快的小学阶段。

二、班科联动,同向同行

班主任与科任教师协同,保障班级全方位管理。班主任的管理工作无法很好地实现无缝覆盖,无法对学生的安全、学业、班级事务做到全面指导,因此将其他任课教师和下年级教师纳入到班级协同管理的框架中,实属必要。其他科任课"好玩、有趣",深受学生喜爱,作为任课教师,在教学过程中穿插正能量引导,协同治理效果会在无声无形中得到提高。下年级教师课间站岗巡查、大型

活动跟班等,维护班级和年级学习和活动的正常、有序开展,实现多边协同治理体制的价值。

三、班干联动,双边双赢

为了班级全面公平发展,实现班级学生自我管理、自我服务,班干部便成了班级管理的重要抓手,将班干部纳入协同管理体制,班级管理更加轻松。教师充分挖掘学生的优点,根据学生的身心特点设置不同的岗位职责,做到人人都有事做,激发学生的责任感、价值感这样,使得学生更愿意表现自己,能提高班干部的自我管理能力,班干部的潜能也能得到很好的激发,发挥其独特的作用,班级管理工作起到事半功倍之效。

四、家校联盟,聚合育人

班主任是家校共育一体化的桥梁,班主任充分激发家委会的主观能动性,结合家长"进课堂",加强家校沟通,校内外对接,让家长从"旁观者""配合者"变为"协同者"和"示范者";引导家长发挥德育的渗透功能,营造良好的家庭氛围,成为道德标杆,协助班级活动顺利进行,实现对孩子的管理、教育和引导等的全方位覆盖,提升班级管理工作的全面性、有效性,深度实现家校共育。

五、德育为主,管理协同

构建德育为主线的"1+3+7"协同育人班级管理机制。立德树人是教育的根本任务。班级协同治理倡导"德育为先",丰富教学方式,落实到教育工作的各个环节中,培养责任意识,树立"四个自信",促进全面发展。班主任与副班主任要共同做好学生的思想道德教育,从而实现班级最佳共同治理效果。班级共同体是由班主任和副班主任"同甘共苦",从而促进班级学生整体的综合、全面发展和班级工作的有序、顺利开展,形成班级管理模式。

(一)构建德育学段培养目标,稳抓"1培养""1养成"

小学一年级是学生适应新的学习、生活、校园环境和交友等的起步阶段,对此,需要重新建立一套适合小学一年级学生的规则系统。作为班级的共同管理者,需要以德育教育为主线,帮助他们解决成长过程中面临的问题。

1.培养基本行为习惯,将常规落实到每个细节。对于学生集体学习,游戏活动、包括幼小衔接以及入学后的常规训练,如书包的取(放)位置和习惯、学具的准备习惯、时间观念的培养习惯、课堂上答问的习惯、秩序感的培养、练字习惯、阅读习惯、用电习惯、用纸习惯、识字习惯、文明礼仪等课内、课外、校内、校外的习惯,作为副班主任,在平时加强巡视,做得好的给予具体的表扬,不够自觉、做得不够的学生给予提醒和纠正,保证一年级的学生形成一种良好的习惯。

2. 养成良好行为习惯,确保学校安全工作顺利有序进行。安全无小事,作为班主任,随时把安全放在首位,对于日常安全,如走廊、厕所、课间操、上课、玩耍等的安全事项和校内外安全的教育,如食品、用电、交通安全等工作落实到每一个细节上,保障学生安全有序的校园生活。而副班主任也在课间巡视时,关心学生的安全,洞察在活动中安全意识不够的学生,并给予提醒和教育,防止了安全事故的发生。

(二)开设国家课程、德育课程、校本和地方课程为主的"3德课程",培养学生优秀品德

课程是德育工作实施的重要载体,学校重视德育课程的育人功能,将德育课程的开展融入教育教学过程中,就是对班级进行管理的很好范式。

1. 构建体验式"七彩园"德育校本课程。班级协同治理校本德育课程的构建,可基于学生的需要和学校的资源,以及师资、社区环境等综合规划,多学科教师协同构建培养学生劳动技能,实现"五育并举"的种植园项目式学习活动培养模式。以生活和社会真实需要的"食育"为突破点,注重实际操作,以"七彩种植园"实践基地为依托,通过家—校—社三教一体的协同构建模式,从校本德育课程的开发、设置到实施与评价等策划和组织,构建以生产性劳动为主线,贯穿生活劳动、生产劳动和服务性劳动的校本德育课程体系。从学校的种植园,到家庭小阳台种植,再到为社区做公益种植的三位一体的德育课程设计,让学生经历播种、浇水、翻土、观察、记录、施肥、除虫、搭架、修建、收获、烹饪等,并在学生将所学经验应用于美化家庭阳台和做美食乃至社区服务的完整过程中贯穿德育教育和多学科融合,实现全面育人,在点滴中渗透爱国教育、感恩教育、节约美德等德育教育,从而促进班级共同体身心健康发展。

2. 打造沉浸式主题德育活动课程。组织纪念日活动、仪式活动、校园运动会、艺术节和科技节、庙会、少先队活动、共青团活动"7"活动,为对学生进行德

育教育提供重要资源和载体。活动作为开展教育教学的重要形式,是学校德育工作实施的重要工作途径。副班主任是班主任的有力搭档,应该配合班主任开展各项德育活动,家长、班主任教师、学生之间密切联系与协调合作,开展中华传统节日和重大纪念日及节日教育活动,主题教育活动等德育活动,能保证班级德育工作的开展。

在学校"两自一包"管理体制下,班级共同体的工作需要更加细致而严谨,保证每个孩子身心健康发展。小学的班主任教师作为学校德育工作的主体,更应该以身作则,把工作做得更细,让每位教师都参与到班级的管理中来,角色明确,职责落实,构建班级管理协同体制,既可减轻小学班主任的班级管理工作强度,又可有效提高班级管理水平,实现小学班级管理工作的多边共赢。

[案例2]

基于家校协同的治班模式新探索

成都市龙江路小学中粮祥云分校非常重视教师的培养和发展,基于"两自一包"改革的学校协同治理模式创新给予了我们很多启发,让我们对治班管理有了全新的思考。"立德树人"是教育的根本任务,而学校教育、家庭教育和社会环境是直接影响中小学生德智体美劳全面发展、健康成长的三个关键性因素。《中小学德育工作指南》要求坚持学校教育与家庭教育、社会教育相结合,要积极争取家庭、社会共同参与和支持学校德育工作,构建协同育人机制,探索治班新模式。

教育不是轰轰烈烈的战场,教育是润物细无声,是一朵云推动另一朵云,一个灵魂唤醒另一个灵魂。身为一名班主任,笔者埋首于教室,将心灵、将双眼完全聚焦在学生身上,用行动赢得家长们的认同、信任与支持,搭建起了家校沟通的桥梁,让家校同心圆开始温暖、开始明亮。

一、陪伴是最长情的爱

一天早晨,笔者发现 L 同学的家校联系本没有签字,便叫她来了解情况,得知因为父母离异孩子无人看管,笔者便想找她爸爸妈妈一起探讨如何实现家校协同共育。在一次"家庭教育指导师"培训中,笔者明白了:家校合作,必然事半功倍;家校分离,学校教育不可能成功。于是在沟通交流之后,笔者和她的爸爸妈妈约定好,共同参与孩子的陪伴,妈妈决定克服生活和工作上的困难,天天准时下班,每晚陪孩子一起参与班级的亲子共读共写,并及时和孩子交流感受。周末,爸爸也会把L同学接过去,带她四处玩耍。在学校,除了教学,我尽量多抽时间去陪陪她、关心她。

可是一段时间以后,L同学的性格仍然特别内向。我深知,每个家庭背景都是孩子成长的底色,如何让父母与子女在家里有话可说,将僵化的亲子关系流淌起来至关重要。正在苦恼时,李镇西院长的主题讲座启发了我,他的那本书《让梦想开花》浸润了我,而学校拍摄微电影的任务也是一个契机,可以让孩子们在镜头下锻炼自己,培养胆量。于是我们的班本课程"做镜头下最勇敢的自己"就这样产生了。在和全班家长、孩子达成一致意见后,便开始在QQ群上传背诵视频。

笔者把这件事情单独和L同学的妈妈聊了聊,并建议每次上传之前,妈妈可以给孩子多指导。慢慢地,L同学悄悄地发生改变,笔者在QQ群听到了一个特别响亮的声音,她是L同学,一个从容、大方的女孩。笔者立即联系上了晓妍妈妈,电话那头她比我还高兴。此时我也真正明白:对于单亲的孩子来说,陪伴是最长情的爱。

在缔造完美教室时,笔者和家委会成员共同设计了班级吉祥物——小扬扬,每次笔者都会把它送给表现最好的孩子。那次,笔者将小扬扬放在L同学的手上,悄悄对她说:"你是老师最喜欢的孩子,你一定可以表现得更好!"其实,这句话笔者对班上每个孩子都说过,因为每个孩子都拥有了它。

家校协同共育下,这些班级活动使雏鹰班的每个孩子都像L同学一样进步着,他们越来越自信。以后的日子,我继续关心着她,她也继续发生着改变,各个方面都表现出优秀的自己。每次活动结束后,L同学妈妈总是发来许多感人肺腑的话语。有一天,一张被偷偷放在笔者办公桌上的纸条,让笔者感受到雏鹰班的孩子们也很爱笔者,或许这就是教师的职业幸福感吧。

二、看见是最需要的爱

爱是相同的,但面对不同的孩子又是不一样的。面对接下来故事中X同学这样自卑的孩子,看见是最需要的爱。这个小女生,刚开学时和笔者说话都不敢看笔者的眼睛,对于这样的孩子,除了平时的关爱,还应该怎么培养她的自信呢?在交流的时候,笔者重点向她的爸爸妈妈推荐了朱永新教授的《大师教你做父母》、新阅读研究所编著的《中国父母基础阅读书目》,以及李镇西院长的《做最好的家长》等,发挥教师的专业指导,引领家长在专业书籍中学习育人。

没过多久,X 同学妈妈就主动和笔者联系,并且主动申请加入班级家委会。我们还商讨出了家校协同共育的小秘诀呢:在家里,爸爸妈妈负责记录她的每一点进步,并填写在家校联系本上;在学校,笔者负责观察她的表现,并及时与家长交流。X 同学还在她爸爸妈妈的鼓励下加入了家庭故事会。看到他们排练的照片,笔者也深受启发,由此在班级推广,形成了我们的班本课程——绘本分享。这是第一次展示,由 X 同学和 L 同学分享《乱挠痒痒的章鱼》。瞧,活动结束后的表彰也是很有仪式感的。

在这样紧密的家校协同之下,X 同学逐渐成为一个乐观、自信的女孩,这三年里,她还担任过班里的学习委员、中队长、小教师,也曾多次上台主持、表演节目。每次看见她这样快乐、大方,作为教师,我心里也暖暖的。

一个孩子的成长离不开家长的关注,一个班级的进步离不开家委会成员的默默付出。每一年,笔者都会亲自为像 X 同学爸爸妈妈这样的家委会成员颁发奖状,送上一本书,并告诉他们:"当你捧起书本的时候,你的孩子一定也会捧起书本。"笔者想班级的每一个家长都能像笔者一样感受到协同治理、家校共育带来的幸福感吧。

正如朱永新教授所说:对于中国的许多家庭来说,教育意味着未来,因为对孩子的教育成功,意味着父母掌握了自己的未来,意味着整个家庭的成功和希望。家校共育带给我们的影响,不仅仅在于教师,同时也帮助了更多的家长、更多的孩子,以及更多的家庭,而家校协同共育也在我们共同的实践努力之下变得清晰起来。

三、理解是最真实的爱

对于听话的孩子来说,理解是最真实的爱。R 同学是一个特别循规蹈矩的孩子,成绩也不错。可是,不知从何时开始,R 同学频频出现课堂上发呆、作业不做的情况,考试成绩一度下降。发现这些苗头,笔者第一时间和 R 同学妈妈取得联系,约好到校沟通。沟通后才发现家长每周给孩子报了很多兴趣班,孩子的课外时间被安排得满满当当,疲惫不堪的 R 同学开始厌学。对此,笔者大胆地说出自己的想法,家长也愿意试着改变,只保留了孩子比较喜欢的两个,一个是人工智能,一个是足球。

有一次,校园足球联赛,身为三年级的"雏鹰"娃们可是与四年级的哥哥们角逐,笔者悄悄地邀请 R 同学的爸爸妈妈来学校观看他的足球赛,就在加时赛距离结束仅剩一分钟时,R 同学踢进了一球,以 3:2 获胜。在爸爸妈妈欢呼雀跃的时候,R 同学也看见了他们,眼睛里充满了惊喜和自豪。通过这一次活动,增加了孩子的自信,也让父母看见了孩子的闪光点。

这么有意义的活动值得纪念,本季度的集体生日会主题就定为"足球生日会"吧。每每在这个特殊的日子,笔者都会为每位小寿星赠送一首生日诗、一本课外阅读书,这份注满无限爱的生日礼物感染了在场的家委会。

家长是孩子的第一任教师,也是最重要的教师。为了重塑母亲在儿子心目中的完美形象,笔者邀请 R 同学妈妈走进课堂,加入我们班的父母课堂。一堂别开生面的课,主题就是儿子最喜欢的"人工智能",那次课让儿子对妈妈产生了深深的敬意和崇拜。从那以后,令人惊喜的是:R 同学不但不厌学,反而是班里学习最积极的那一个。在他的带动下,每天"雏鹰"班的教室都能听到孩子们朗朗的读书声。

通过家校协同共育的实践,我们最大限度地整合一切教育力量,形成教育合力,做到各尽其责、各尽其能,使教育效果最大化;通过家校协同,架起了家校、师生、亲子之间的桥梁,让彼此走进对方的世界,互相理解、互相接纳、互相欣赏,育人于家校活动中,育人于家校协同中,育人于家校互动中,营造班级和谐育人新形态。

每个孩子生而不同,都有独特的生命。通过家校协同,共筑美丽"心桥",促使学生发现自我,精彩绽放,是学校的办学理念和共同愿景。相信在协同治理道路上,这种和谐、美好的画面会越来越多地出现在家校协同教育者的工作中。

第四节 家校社协同育人

探讨家校社协同共育的有效模式,需要明确三者的职能定位。当前,家校社存在着"学校教育家庭化,家庭教育社会化,社会教育学校化"的错位现象。

家校社共育并非一个新概念,20 世纪 80 年代末,美国霍普金斯大学的爱普斯坦教授提出了交叠影响阈理论,构建了家庭、社会相互合作的理论范式与理论机制。爱普斯坦将其理论模型分为外部模型与内部模型,而无论是外部模型还是内部模型,都将学生置于家、校、社合作关系的核心,有利于高质量的沟通与互动。

在家校社共育系统中,学校作为教育发挥影响力的制度化机构,应该在协调家庭与学校关系中起到主导作用,促进彼此间的联系与合作,有效发挥教育合力。一是面向家庭。学校在家校共育中,应充分发挥自身的主导作用与专业优势,制定完善的规则制度,将传统的家长会、家访与应时代要求出现的家长委员会、家长学校等方式相结合,充分运用各类信息互动平台,使家校沟通更畅通。二是面向社会。"双减"政策的出台,并非将社会资源与服务拒之门外,而是促使校内外资源的合理利用。因此,对于社会服务教育,需要在严格治理下,发挥其最大作为,进一步满足学生、家长的需求。

与此同时,在推进家校社协同育人模式创新时,还要注意坚持两点原则。一是合作有界。家庭教育、学校教育、社会教育属于不同的主体,但三者间并非毫无关系,而是以学生为中心彼此互相联系。因此实现家校社协同育人,首先需要明确各自的责任边界,学校有着自身的专业性与系统化,需要在三者的关系中发挥主导作用。二是各方平等。明确责任边界、确定分工为协作的基础。确定谁为主导非确定谁为权威,协同育人的核心重在协同,要做到畅通地共同协作,就需要建立平等、互相尊重的关系,在互信互赖的基础上,以学校为主导,引领家庭的参与、社会的支持。

[案例1]

基于协同共育的"云朵公益学院"实践探索

为进一步弘扬"奉献、友爱、互助、进步"的志愿服务精神,规范志愿服务的流程和效果,完善志愿服务体系建设,鼓励和引导更多的学生、教师、家长积极参与校内外的志愿服务活动,成都市龙江路小学中粮祥云分校在党建工作引领下成立"云朵公益学院",以促进学校志愿服务发展,努力形成"人人争当志愿者"的良好氛围,创新探索学校社区融合发展新模式,助力学校社区共建共享新治理。

一、实施背景

党的十九大以来,进一步强化了以人民为中心的发展理念,每一名党员始终坚持全心全意为人民服务的宗旨。那么,怎样更好地服务于人民?以什么样的思想服务于人民?这是新时代提出的重要课题。教育作为国之大计,承载着相应时代需要的历史使命和必然担当,在学校教育中培育和弘扬志愿服务精神正是服务于人民思想的具体行动体现,也是加强思想和价值引领、践行社会主义核心价值观、落实公民道德建设的重要路径。

为落实团中央、教育部关于志愿服务工作的相关要求,武侯区教育局印发了《关于深入推进全区中小学志愿服务工作的实施意见》,成为学校开展志愿服务工作的重要指导文件。

成都市龙江路小学中粮祥云分校作为武侯区一所高品质公办小学,以"上善教育"办学思想统领学校各项工作,以培养"勇敢善良、自由灵动、个性生长"的新时代云彩少年为目标,将"热心公益"作为德育体系建设和思政课程的重要组成部分,将志愿服务精神融入教育教学过程,通过学校、家庭、社会不同时空的学习、探索、实践充分培养师生及家长"奉献、友爱、互助、进步"志愿服务精神,积极回应服务人民的时代声音。学校"善"的思想正和志愿服务精神一脉相承。

二、主要做法

时代有所呼,祥云有所应。学校通过党建示范引领、上善文化浸润对志愿服务进行探索和实践,形成以"云朵公益学院"为载体,"云朵志愿者"为标志,"上善祥云 乐行公益"为口号的志愿服务模式和志愿者管理机制。

(一)创新成立"公益学院",探索学校社区融合发展新模式

回顾2016年至2020年,学校党支部认真开展"不忘初心 牢记使命"主题教育,在党员教师的带领下组织师生、家长以开展进街巷、进社区、进商场(大悦城)为代表的"三进"主题服务活动,鼓励和引导更多的学生、教师、家长积极参与校内外的志愿服务活动,"人人争当志愿者"的氛围逐渐浓厚。

为把志愿服务做得更深,把自愿精神推得更广,学校经过反复酝酿,整合社会各界资源,于2020年11月11日成立了四川省首个校园公益学院——"云朵公益学院",创新探索学校社区融合发展新模式,助力学校社区共建共享新治理。"云朵公益学院"确定由学校党支部书记、校长担任第一任院长,邀请成都电视台少儿频道节目主持人、总监陈岳等长期耕耘在公益一线的代表性人物担任名誉院长。武侯区团委、武侯区教育局、武侯区民政局、成都市志愿服务组织等多部门参与指导,共同见证和关心学院的成立和发展。

"云朵公益学院"由学生公益分院、教师公益分院、家长公益分院三个分院组成,分别由学校少先队大队长、协同发展中心主任、家委会主席担任各分院院长。其中学生公益分院下设29个班级志愿服务小队。校内校外互通、家校社协同,统筹推进各项活动,进一步增强服务学校、服务社区、服务社会的效能。

(二)精心编制章程制度,建立"云朵公益学院"运行新机制

1. 明确志愿者服务的方向和内容,确保学院运行有效

学校制定了"云朵公益学院"章程、管理制度、组织条例、招新办法等,编制成《"云朵公益学院"工作手册》,进一步规范学校志愿服务的流程和内容,推动建设完善的学校志愿者服务体系,让志愿服务与社区治理进入教师、学生、家长的日常生活与学习中。

2. 明确志愿者的权利与义务,确保学院运行有序

"云朵公益学院"既是面向校内外师生、家长、民众的服务机构,也是培养志愿者的主阵地。公益学院确定了志愿者权利,学员要积极参与培训提升(根据

不同学员特点需求制定了相应的培训方案,开设系统性公益课程,邀请优秀党员代表、社会爱好公益模范、志愿服务先进典型等有影响力人士担任培养师生、家长公益精神的导师,开展持续培训,让志愿服务课程化、规范化)。"云朵志愿者"对"云朵公益学院"工作有讨论、建议、批评、监督的权利;有权参加"云朵公益学院"组织的各项活动,并享有优先参加学院组织的学习、培训的权利;提出的困惑和问题,由"云朵公益学院"安排讨论及解决;参加学校各项评优时,是否参加了"云朵公益学院"将作为基础性指标;有要求获得从事志愿服务的必需条件和必要安全等方面的保障的权利,各分院所制定的、不与本章程冲突的成员权利,相关法律、法规所赋予的其他权利等。

"云朵公益学院"还规定志愿者应履行以下义务:遵守本学院及各分院的各项规章制度;自觉履行公益服务的职责,积极参加本学院组织的各项活动,努力完成学院交办的各项工作任务;宣传学校宗旨,维护学校声誉,扩大学校影响;关心学校工作,主动向学校提出工作意见和建议;遵守相关法律法规及履行成员组织规定的其他义务等。

"云朵公益学院"在组织开展公益活动之前,其成员已参加"云朵公益学院"的相关培训课程,提升了公益服务能力,具备了相应的公益服务认知、公益服务技能,能有针对性地参加志愿服务。

(三)多方联动共同公益,探索家校社协同治理新举措

"云朵公益学院"采取"学生、教师、家长联动,学校、社区、社会合作"的发展模式,提升学校公共资源利用率,发挥社区教育功能,增强社区居民的社会责任感和师生的家国情怀,助力学校社区共建共享新治理。学校与武侯区簇锦街道、高碑社区签订协议,将街道、社区作为"志愿服务基地",具体设立簇锦街道大合仓商圈党群服务中心、高碑社区日间照料中心等作为公益学院的公益行动实践场所。学生慰问托老中心、教师在大悦城里快闪、家长服务社区院落……"云朵公益学院"在社区服务中的参与度与日俱增,与社区居民、社区孤残幼弱等弱势群体保持友善的互动。

(四)研究制定评价标准,助推志愿服务力量更强

"云朵公益学院"自成立以来,越来越多的同学、教师、家长加入公益学院中,目前全校师生都已成为"云朵志愿者"。志愿服务的范围包括但不限于校园

讲解、秩序维护、学校活动、家校共建、社区服务、文化体育等公益活动。

为了激励"云朵志愿者"的服务热情,学校首先在"云朵公益学院"学生分院中进行探索,对学生成员参加公益活动的服务次数、服务时长、服务质量等内容进行记录、考核,开展志愿者星级荣誉评选,并发放证书。同时在学校评优选先中,要求有志愿服务的经历,同等条件下优先考虑参与志愿服务活动更多的学生。如学校云彩少年的评比、市区级新时代好少年的评比等。

考核要求:"云朵公益学院"成员在参与公益活动和志愿服务时,要求志愿者严格遵守相关规定。有以下行为者,"云朵公益学院"将视情节严重予以警告和批评,直至勒令退出"云朵公益学院":无故缺席活动,每学年度参与活动次数不足全部活动50%的;公益活动过程中不遵从现场活动组织安排的;活动过程中背离志愿服务宗旨、没有履行成员义务的。

评选要求:相关星级称号评选参考标准;学期累计参与公益服务次数;学期累计参与公益服务时长;学期累计发布个人参与活动感想文章篇数。

评优选先:云彩少年评比要求主动加入"云朵公益学院",认真参与志愿服务活动,学年度至少参与志愿服务活动校内外各一次;市区级新时代好少年的评比求要小学阶段至少参加一次学校或其他社会团体组织的志愿服务活动。

在教师分院、家长分院中也进行评价探索,如优秀党员、优秀教师、五好家庭评选等。参与评优前要有参加志愿服务活动的经历。

三、经验成效

(一)党建引领发展,让志愿服务体现党的要求

党的十九大报告指出:"中国共产党人的初心和使命,就是为中国人民谋幸福,为中华民族谋复兴。"志愿服务要坚持以人民为中心,让志愿服务更多、更大范围惠及人民群众。在实践与探索中,党建引领下的"云朵公益学院"快速发展,志愿服务精神迅速传播,"云朵公益课程"得以深化实施,学校"上善教育"办学思想进一步彰显,志愿服务与国家建设、学校发展、社会进步相结合,凝聚广大群众为实现"两个一百年"奋斗目标、实现中华民族伟大复兴贡献力量。

(二)党员队伍示范,让志愿服务展现新作为

"云朵志愿者"中党员队伍的示范引领,践行立德树人要求,担当为党育人、

为国育才使命,让每一位志愿者更加坚定信仰,坚持传承艰苦奋斗的作风,坚持发扬开拓创新的精神。为他人提供服务也是实现自我价值的过程,"云朵志愿者"在"赠人玫瑰,手有余香"中感受善的力量,在"我为人人,人人为我"中增强主人翁精神,积极投身到新时代的教育事业和国家建设中去,再立新功,再创佳绩,续写新篇章。

(三)坚守初心使命,让志愿服务温暖更多人

"云朵公益学院"2021年开展活动共计32场次,参与服务的志愿者925人次,服务总时长4357小时,活动总结32篇;2022年"成都志愿者"平台开展活动6场次,参与服务的志愿者208人次,服务总时长1016小时,活动总结8篇;2022年"志愿四川"平台开展活动8场次,参与服务的志愿者137人次,服务总时长705小时。

在学校,志愿者参与校园监督管理、先进事迹宣讲、活动秩序维护等,红背心早已成为祥云的一道风景。在社区,志愿者开展读书宣传活动、践行垃圾分类存放、协助整理共享单车、协助新冠疫苗接种、捐赠抗疫物资等。在社会,志愿者进入博物馆讲解、关爱流浪狗生活、帮扶孤寡老人等。身边随处可见的是"云朵志愿者"的身影,那一抹红,把光撒进了每一个人心间,照亮了祥云的每一个地方。学校积极开展"捐一张废纸,绿一个世界"校园环保活动、"情暖盖玉,冬衣捐赠"活动、"走进院落 关爱老人"活动、"写春联,庆佳节"活动等。

学校将持续深化党建引领下的志愿服务创新,把"云朵公益学院"打造成亮丽的品牌,打造学校社区共建共育共治共享的融合发展平台,为成都建设践行新发展理念的公园城市示范区做出新的贡献,把"向上向善"的祥云精神传播得更远,让共同凝聚的云朵公益之光温暖更多心灵,继续以实际行动书写新时代的雷锋故事,继续以饱满热情践行党的初心使命。

[案例2]

基于"双减"的家校社协同共育实践

为切实提升学校育人水平,持续规范校外培训,有效减轻义务教育阶段学

生过重的作业负担和校外培训负担,2021年7月,中共中央办公厅、国务院办公厅印发了《关于进一步减轻义务教育阶段学生作业负担和校外培训负担的意见》,明确提出完善家校社协同机制。"双减"政策的出台,对家校社协同提出了更高的要求。"双减"并非只减,而是带着"提质"的需求。在此背景下,更需要家庭、学校、社会三者的密切配合,形成良好运行的共育模式。

基于"双减"政策背景下,学校在家校社协同共育模式中的职能定位的探讨,发现协同育人本质是要求构建起以学生为中心、以学校为主导、家庭和社会共生的交互合作体系。为达成这种"三元"交互合作的有效模式,在成都市龙江路小学中粮祥云分校进行了相应实践。

一、家校社协同共育制度建设

学校将家校社协同共育的思路纳入学校顶层建设,并始终坚持以学生为中心,根据不同年龄阶段儿童的身心发展规律、年龄特点、个性特点进行合作发力,形成了"家校合作,培育勇敢善良、自由灵动、个性生长云彩少年"的家庭教育理念和"学校导引、家庭融入、社区参与、多维联动、全面合作"的家校社协调共建机制。

二、学校向家长与社会开放

家校社协同共育的根本,是更好地整合资源,形成合力,共同促进学生的全面发展,在此过程中,只有三方共同参与,多方沟通,才能达成共识。因此,将学校向家长与社会开放,是必要的一步。

(一)学校治理的开放

家长和社会共同参与到学校治理中,有助于获取家长和社会的支持,最终达到人才培养的目标。

1.建立家长委员会制度。成立学校—年级—班级三级家长委员会体系,建立健全家委会工作章程。定期召开家委会例会,建立健全家长委员会工作台账,充分调动家委会参与学校管理与监督。促使家长参与到学校工作中的各方面。

2.家校社联合,抓好学生安全关。自2016年起,学校成立成都市龙江路小学中粮祥云分校家长志愿者监督岗,由学校德育部门牵头,家长委员会组织,全校家长共同参与,每班轮周更换。自实施以来,得到了家长的大力支持,每天早上七点五十分,下午四点十分,家长志愿者到达值周点位,拉开"警戒线"维持上、放学秩序,保障学生上放学期间在校门的安全,充分杜绝学校附近的安全隐患。与此同时,学校与交管部门和社区进行联动,上放学期间对校门口的道路实施封闭管理,排除了社会车辆这一大安全隐患;并且社区街道办执法队员每天上放学时间在我校门口道路进行值守,切实保障了广大师生在上放学期间的人身安全。

日常的安全管理中,学校利用家长委员会、微信、QQ、致家长一封信、中小学生安全平台等手段就防溺水、交通安全、消防安全、外出和饮食卫生、冬季安全等安全知识与家长建立有效的教育沟通。家长通过学习对学生进行正确安全知识指导,并对学生在校内外的安全责任形成清晰的认识。家校联手共育,构成我校全方位、全时段的安全管理体系,多举措进行安全教育,打造平安和谐校园。

日常教育教学中,学校不断完善安全稳定应急预警机制和应急预案,坚持每月一次安全演练,内容涉及防火、防震、防暴恐、防踩踏等,让每个学生和教职工都能熟练地掌握逃生技能,熟悉疏散避险地域和逃生路线。这大大提升了全校学生及教职员工在遇到紧急事件时的自我保护意识和逃生自救能力。

(二)学校教育的开放

充分地运用家长和社会资源开展专业教育,能够促进学生对专业知识的学习,有利于学生的全面发展。邀请家长中的专业人士,如主持人、警察为学生讲解职业知识、安全知识,通过专业的视角和多样的教育形式,为学生提供全面教育。

(三)学校活动的开放

学校活动的开放,有利于增强学生与家长的沟通,也能增进家长对学校的了解,增加教师与家长的交流。

1. 家长开放日交流

每学期开展一次家校开放日活动,在活动中,家长听取专家讲座、参观学生作业、聆听学生上课、观摩学生大课间活动、与教师亲切交流,从不同角度感受孩子的学习生活和校园生活。在活动中,家长们对学校教育有了更进一步的了解,也增进了家长和学校之间的沟通与交流。

2.亲子运动会

每年秋季学期举行"悦动祥云"系列亲子运动会,在亲子运动会开展过程中,发扬拼搏奋进的运动精神,推进亲子关系。

三、促进家长教育观念的提升

家校协同过程中,家长的教育观影响着协同质量。提升家长的教育观念,可提升家校合作的有效性,使家长成为家校共育的协调者与助力者。

(一)成立家长学校,建设个性化家庭教育课程

聘请校领导、骨干班主任及校外专业人员担任家长学校职务,家校合作共同开发符合祥云校情的个性化校本课程体系,通过"祥云好家长研修班"的开设与"好家长学院"的建设,深入落实具有祥云特色的家庭教育工作。

(二)搭建立体培训体系,促进深度学习

"祥云好家长研修班"开班以来,采用立体化课程培训体系:一是将集中授课与课后学习结合;二是共同阅读,进行交流分享;三是付诸行动,进行实践操作。

四、整合社会资源,拓宽成长空间

"双减"政策中的一个重要方面便是合理利用校内外资源,如何整合各类社会资源也是家校社协同共育中的重要课题。

(一)拓宽课后服务渠道

学校充分运用好课后服务时间,制定完善的课后服务实施方案,将校内和校外资源有效整合。课后服务课程由本校教师与聘请的有资质的社会专业人员共同承担,切实提高了课后服务质量。

(二)开发环社区课程

积极开发与整合学校周边的社区、企事业单位、教学实践基地等资源,开发环社区课程。通过体验活动、志愿服务等,为学生搭建广阔的实践平台,拓宽学生的成长空间,做到知行合一。

附 录

智慧上善 同心焕彩
成都市龙江路小学中粮祥云分校第十四个五年规划

（2021—2025年）

前言

"十四五"时期，是全面推进教育现代化2035目标的关键时期，是全力推进城市有机更新、努力打造高质量发展增长极和动力源、加快建设践行新发展理念公园城市示范城区的关键时期，是着力打造"智教乐学"武侯教育品牌，加快建设"智慧教育示范区"，全面推动教育治理体系和治理能力现代化，实现"中西部教育现代化核心区"奋斗目标的攻坚时期。成都市龙江路小学中粮祥云分校按照成都市武侯区今后五年教育改革发展的相关决策部署，结合学校自身的发展现状，制定本规划。

一、总结经验凝聚共识，激发学校发展新动能

"十三五"期间，学校办学规模不断扩大，现有教学班28个，教师86人，学生1177名。全体教师平均年龄31.4岁；教师本科学历100%，其中硕士研究生12人，占教师人数的14%；学校现有党员32人，占教师人数的37%。在教育局的大力支持下，学校借力"两自一包"办学体制综合改革与"智慧教育"项目实践研究等重要举措，不断优化学校管理、激发教师活力，教育质量和办学水平大幅提升，学校发展和谐溢彩、高远向上。五年来，学校获得"中国现代化教育技术人工智能实验基地学校""教育部清华大学项目—清华附小网络基地校""成都市现代学校制度建设试点学校""成都市优秀少先队集体"等76项殊荣，在师生的同心奋进下，实现了快速发展与创新发展，"十三五"规划目标圆满完成。

（一）总结"十三五"取得成绩，坚定学校发展方向

——党建领航，明确方向，筑牢学校发展根基。五年来，学校党建成效显著，学校积极探索"五力绘同心"党建工作法。聚焦文化，抓政治导向力，以祥云"上善文化"统领学校各项建设发展，致力于培养"勇敢善良、自由灵动、个性生长"的云彩少年；聚焦管理，抓制度牵引力，制定办学章程，改革机构设置，修订118项制度，最大限度地提升学校管理服务效能，实现扁平化管理；聚焦思想，抓凝聚力，常态化开展"三会一课"，不定期召开校园"议事会"，构建"三会分享"制度，把思想引领贯穿于教师学习全过程；聚焦队伍，抓作风示范力，实施党员教师"两平台两工程一引领"举措，指导青年教师提升专业能力，16名青年教师成长为名师优师，教师比赛荣誉获奖高达1100余人次；聚焦改革，抓组织协同力，深化"两自一包"改革，推动现代学校制度体系建设，探索出了党组织领导下的"5411协同治理"新模式，为学校治理赋权，为自主管理赋能，为依法监督赋力。五年来，学校党支部书记多次受邀参加各级党建报告会并作交流发言，学校先后荣获全国"党建研究与管理实践基地学校"、全区"党员示范单位"、武侯区党建标准示范单位等荣誉称号。

——改革聚力，协同治理，构建现代学校治理体系。学校作为传统校实施"两自一包"改革的开拓者，主动作为，用好"教师自聘权"，畅通了"出与入"管理机制；用好"管理自主权"，构建了协同治理新格局；用好"经费使用权"，建立了优劳优酬的岗位工资管理机制，让师生、家长有效参与学校的协同治理，学校办学活力得以彰显，构建起现代学校治理体系。

——智慧探索，专业成长，引领学校教育创新发展。学校紧抓教育信息化1.0时代和2.0时代的重要契机，借"武侯云"、"清华附小网络基地校"项目、"智慧校园建设"等良好平台，深化信息技术与教育的融合发展，制定《成都市龙江路小学中粮祥云分校"智慧校园"建设规划方案》，分阶段分目标实施推进。其中硬件设施投入从2016年56万元增长到2020年94万元。完成了创客教室、网络教室、电子班牌、智慧灯控等建设项目，学校智慧管理系统等硬件设施处于同类学校领先水平。积极开展智慧教育实践研究，多方面推进创新与变革，优化教师队伍管理与培养机制，聚焦教师业务水平和信息素养提升，更好地为孩子的学习发展和健康成长赋能。学校现已获评为"武侯区数字校园""武侯区未来学校""武侯区智慧教育重点项目学校"等，实践成效突出，促进了学生、教师的快速成长和学

校的创新发展。

——五育并举,立德树人,促进学生健康全面发展。学校始终坚持"立德树人"根本任务,以促进学生健康成长为核心内容,不断完善课程内容、持续丰富艺体活动、增值有效劳动实践,努力培养能担当民族复兴大任的时代新人。学校基于学生发展核心素养,不断丰富课程项目与资源,先后建设起40门特色校本课程,搭建起各类竞赛、活动平台。五年来,学生参加由政府、教育行政部门组织的各类比赛,区级及以上获奖达2000余人次,教育教学质量快速提升,2020年1月参加区级学业质量监测,位列全区前六。

——交流合作,共建共享,实现教育辐射引领新价值。经过五年的发展,祥云"上善文化"从内涵提升到辐射引领,家庭学校社会合作,校际交流,共同进步的良好环境逐步形成。家校协同育人获认可,学校被评为"全国家校共育创新实验校";校社融合治理受肯定,学校被评为"武侯区十佳社区共驻共建突出贡献单位";对外交流显成效,成为成都市对外交流特色项目学校;国际交流扩影响,与美国华盛顿纳西尔学校成为友好交流校;教育扶智有效果,顺利完成白玉县辽西乡中心小学结对帮扶计划,与贵州省仁怀市大坝小学开展教学管理交流活动,共同促进,共同发展,持续扩大"祥云朋友圈"。

(二)探索"十四五"发展机遇,把握学校发展新动向

——"两自一包"改革带来的机遇。"十三五"时期,学校积极参与武侯区"两自一包"教育体制改革,在教师自聘、管理自主、经费包干的背景下,学校协同治理取得一定成绩,现代学校治理体系构建成效凸显,办学活力进一步彰显。"两自一包"改革给学校的高质量持续发展带来巨大的机遇,"十四五"时期,学校应继续乘着改革的春风,不断深入探索治理体系的创新发展,进一步激发师生的积极性和创造性,全面构建现代学校治理体系,使学校发展迈上新的台阶。

——科技发展和政策利好带来的机遇。科技发展日新月异,智慧教育发展得如火如荼,给教育发展提供了更多的技术支持;国家日益重视教育的均衡高质发展,出台了一系列促进教育发展的政策措施,为教育发展提供了良好的发展环境;武侯区教育的高位均衡和快速发展,"智慧教育示范区""高质量高规格高品质教育强区"等区域优势,也为学校的高质量发展提供了良好的机遇。

（三）厘清"十四五"发展挑战，攻坚学校发展新难题

——学校高位发展的挑战。"十三五"期间，学校办学综合水平提升迅速，2018年-2020年学校督导考评均获全区优秀奖，跻身全区前五行列。学校办学活力全面激发，借力武侯区"智慧教育示范区"之势，深挖教师队伍年轻好学、接受新事物意识和能力强的优势，积极开展智慧教育项目实践研究，在文化环创、智慧管理、教师发展、教学研究等方面取得了突破性发展，目前的发展与荣誉既是对学校过去努力的肯定，也为学校将来的突破性发展与进步带来挑战，督促学校进行更高位的探索与努力。

——改革纵深发展的挑战。学校的"两自一包"改革在"十三五"时期已取得一定的成绩，学校现代治理体系构建成效凸显。但要促进教育体制改革的纵深发展，保持改革成效，势必会遇到更大的阻力，需要处理更多的关系与挑战。学校要想进一步深化"两自一包"改革，全面激发学校办学活力，进一步完善现代学校制度建设，实现学校治理的现代化，将面临较大的挑战。

——教师队伍建设的挑战。学校教师团队积极努力责任心强，但是教师队伍偏年轻化，专业能力水平还需大幅提升，特别是智慧教育的素养和能力需不断培养。名师优师比例和层次还需大幅提升，指导教师重视个人发展规划制定，引领教师专业发展、个性成长。同时，还需加强教育科研引领教师专业成长。

——特色课程建设的挑战。学校课程在系统化、体系化建设方面还需着力，特别是德育课程和特色课程体系的构建需进一步加强。整体构建、布局发展，形成有特色、体系较完善的学校课程体系，以有利于学校健康育人、全面育人、特色育人目标的实现。

——校园文化建设的挑战。校园文化建设在提升学校育人品质方面起着积极的作用。目前，学校校园文化建设还不能满足学生对美丽校园的盼望和全面发展、健康成长的需要。学校需不断提炼理念文化，加强环境文化建设，增强环境育人效益。同时，加强体育设施设备和文化建设，加强智慧教育环境建设，打造温馨、和谐、健康、智慧的校园文化。

——社会对教育的需求与期望的挑战。随着人民生活水平的提高，社会对教育公平和质量的需求更高、更迫切。作为一所新建仅几年的学校，虽然近两年发展迅速，但在"十四五"期间，依然要把全面深化教育改革，提高教育教学质量作为首要工作，以更优质、更丰富的教育资源满足社会对优质教育的需求。

二、以新发展理念为引领，开启学校高质量发展之路

（一）指导思想

坚持以习近平新时代中国特色社会主义思想为指导，深入学习贯彻习近平总书记关于教育工作的重要论述，坚持立德树人根本任务，"五育并举"培养德智体美劳全面发展的社会主义建设者和接班人，以办好人民满意的教育为目标，紧紧围绕武侯教育"构建智慧教学新生态、教育服务新样态、智能治理新形态"三大核心任务，持续深化"两自一包"改革，以建设现代高品智慧校园为目标，始终以"七彩阳光耀祥云"的办学理念为引领，致力于培养勇敢善良、自由灵动、个性生长的云彩少年。

（二）基本思路

——坚持党的领导，以党建引领学校高质量发展。坚持党对学校发展的全面领导，做实学校党支部标准化、规范化建设，继续深化"五力汇同心"党建工作法，从政治、制度、思想、作风、组织等五项能力建设入手，切实发挥学校党组织的战斗堡垒和党员的先锋模范作用。坚持"学校品牌创建与党建品牌创建相结合"的工作思路，做强"同心祥云"党建品牌，凝心聚力，劲儿往一处使，切实发挥学校党组织的战斗堡垒作用和党员干部的先锋模范作用，以学校党建的高质量发展引领学校的高质量发展。

——坚持教育改革，以"两自一包"改革促进学校治理现代化。持续深入"两自一包"教育体制改革，深入探索教师自聘、管理自主、经费使用的创新办法，积极构建完善"协同治理机制"，形成"协同治理"新格局，全面激发师生、家长的积极性、主动性和创造性，促进改革的提档升级，进一步激发学校办学活力，最终实现学校治理现代化。

——坚持立德树人，以"五育融合"助推学生全面发展。坚持五育并举，不断完善"云彩课程"体系、创新管理机制提升德育实效，深化教学改革提高智育质量，丰富德艺体活动提高健康水平，拓宽美育路径增强艺术素养。创新推进劳动实践培养劳动品质，提升学生综合素质，切实促进学生的全面健康发展。把立德树人融入思想道德教育、文化知识教育和社会实践教育等各个环节，形成学段衔接、载体丰富、有机融合、协调发展的学段一体化的德育体系，促进学生身心健康、全面发展的新举措。

——坚持协同育人，以"共建共享共育"促成家校社融合发展。遵循学生身心发展规律，优化家、校、社教育环境，增强育人合力，构建家校社"三位一体、协同育人"的新机制，打造共建、共享、共育新样态，多方合作、多元联动，多种渠道共同促成共治新局面，同向同行提升育人服务质量，促进学生的健康发展，办家门口好学校。

——坚持质量提升，以教师队伍建设提高教育质量。牢固树立绿色质量意识，以全面提升教学质量为中心，优化教师队伍建设，以进一步推进学校课程与教学改革为重点，着力抓好常规管理、教学研修、学科建设等工作，推动学校教育教学水平高质量、可持续发展。通过引入与培优不断优化师资队伍结构，以智慧教育项目实践创新"祥云名师"培养路径与实施策略，通过智慧管理、智慧研学、智慧教学为教师提效减负，助力教师专业成长、因材施教，促进教学质量的有效提升。

三、把握新时代教育发展脉搏，建设区域高位领先的新优质名校

（一）总体目标

坚持党的全面领导，深入贯彻党的教育方针，落实立德树人根本任务，根据国家教育改革和发展规划纲要，围绕学校办学理念和育人目标，以培养适应未来社会发展需求的新时代云彩少年为目标；坚持"五育并举"，以促进学生健康成长和多元能力发展为方向；践行学校"有机更新"理念，深入开展"两自一包"教育体制改革，建立有效的协同治理机制，优化师资队伍建设，全面提升教育教学质量，持续探索协同育人、文化育人新模式，打造"现代高品，智慧上善"的祥云学校品牌，力争在2025年将学校建设成为武侯领先、成都有影响力的智慧教育名校。

（二）具体目标

——快速实现高质量发展（学校发展目标）。进一步深化"上善祥云"文化内涵，做强"同心祥云"党建品牌，完善并践行"两自一包"改革背景下现代学校"协同治理"理念和机制，优化智慧生态、和谐向上的教育环境，打造共建、共享、共育新样态。进一步激发办学活力、提升治理效能、增强育人合力，推进"双优质"建设，打造市、区级优质学科，争创市、区级优质学校，不断提升育人服务质量，办老百姓满意的学校，未来五年办学综合水平区域内保五争三，逐步在市、区起到示

范辐射作用。

——创新建设教师队伍(队伍建设目标)。创新优质师资培养导向与机制，完善创新型教师培养路径，以"四有好教师"的标准为目标，搭建广阔平台，激发队伍活力，提升队伍能力，打造一支高质量、专业化、创新型教师队伍，突出云馨教师"敬业爱生、乐教智教"的综合素养与专业能力，不断提高名师优师占比，力争2025年达65%以上，满足社会和家长对优质教育师资的需求。

——全面提升教育质量(学生培养目标)。坚持"五育并举"，完善"云彩课程"育人体系，推进"云智课堂"教学变革，丰富德艺体教育活动，全面提升学生学业质量、综合素质，促进学生全面发展，着力培育勇敢善良、自由灵动、个性生长的"云彩少年"，未来五年学生学业质量稳定持续保持高位，力争全区前五，学生各级各类活动比赛参与面和获得荣誉按10%逐年提升，为帮助学生实现适应未来的成长奠定基础，推动学校教育水平高质量、可持续发展。

四、坚持创新驱动，向学校新的更高质量发展迈进

(一)坚守初心，塑造"同心祥云"党建品牌

1. 做实学校党支部标准化规范化建设

依据《中小学党支部标准化规范化建设指导标准》，加强规范化运行和规范化管理，形成党组织标准化、规范化建设"路线图"，力争到2025年，创建成为省级先进党组织。

2. 做亮"三项工程"，优化党员队伍

——实施"祥云头雁"工程。开展"管理育人""教书育人"和"服务育人"等党员示范岗评选，充分发挥党员在教育教学中的先锋模范作用。

——实施党员"1+2"工程。开展1名党员帮扶2名群众，深度做好党群结对帮扶工作，充分调动各方面积极性。

——实施"主题党日"领航工程。通盘考虑学校发展与主题党日活动的实践创新，通过党日看领航、教研看领航、家校看领航、基地呈现等党建特色活动，逐步彰显学校党建成果。

3. 做强"同心祥云"党建品牌，实现学校改革发展新跨越

——实现党建工作与学校文化相融合。充分发挥党建对学校文化的引领作用，提高学校的向心力和凝聚力，促进学校的内涵发展和品质提升。

——实现党建工作与教师成长相融合。充分发挥党组织的战斗堡垒作用和共产党员的先锋引领作用,落实"双培养"机制,力争到2025年,党员干部教师占比达50%以上。

——实现党建工作与学生活动相融合。发挥活动育人功能,在常规活动中渗透"红色"内容,培养孩子从小学党史、知党情、感党恩、听党话、跟党走,增强爱国之心和强国之志。

——实现党建工作与家校共育相融合。发挥祥云公益学院的引领作用,构建党建引领下的家校协同育人新机制,共同助力孩子健康成长。

——实现党建工作与师生思想道德建设相融合。把思想道德建设贯穿于学校教育教学全过程,通过课程思政、理想信念教育、爱国主义教育等活动,提高师生思想觉悟、道德水平和个人素养。

(二)协同治理,推进学校治理现代化

4.全面激发办学活力,形成"协同治理"新格局

——科学设置学校岗位,增强治理主体的原动力。以"目标共同体"为导向,在"扁平化"的治理机构下创建师生、家长各治理主体的目标共同体,科学合理设置岗位,确保各共同体之间稳定有序、协同运转,使教师个体发展与学校发展同向而行,形成共振效应。

——突出制度建设,提升学校协同治理能力。以"协同制度"为标准,梳理学校制度,厘清制度之间的逻辑关系和明确制度边界,通过完善岗位职责、评价机制以及考核制度,使执行、考核、监督形成完整闭环,完善学校从校长到教师人人都有自己的责任区域,事事都能有章可循的现代学校制度。

5.完成改革提档升级,推进学校治理现代化

——重视项目参与,实现学校治理效率提升。以"有效参与"为核心,继续实施项目制管理,探索项目的产生、运行、效果等过程性监督,通过"项目招标"的方式创建教师参与学校管理的平台,吸引更多的教师参与学校治理,提升治理效率。

——抓好优质参与,实现学校高质量发展。以"优质参与"为目标,学校每年开展年度优秀教师评选,继续实行教师岗位职级制,探索建立"功勋教师""首席教师""才俊教师""翘楚标兵"的评选机制。未来五年,学校综合办学水平稳

定保持区域前五。

（三）创新培养，打造优秀"云馨教师"队伍

6. 引入与培优双管齐下，不断优化师资队伍结构

用好"两自一包"体制改革下的"教师自聘权"，健全"三级"培训机制，强化梯队建设，针对名优教师、骨干教师、青年教师、新教师等不同的群体构建更加全面实效的培训体系，不断健全和优化符合学校需求、认同学校理念、适合共同发展的优质队伍，让队伍更"稳"更"优"，满足新时代下人民和社会对优质教育资源的新需求。力争到2025年队伍结构达到新高度，研究生占比达40%以上。

7. 深入推进智慧教育项目实践，创新"祥云名师"培养路径

紧抓教育信息化2.0时代的重要契机，通过"智慧管理"为教师提效减负、"智慧研训"助教师专业成长、"智慧教学"助教师因材施教、"智慧环境"助教师科学育人，四大融合互通的措施多方面推进创新与变革。重点借助"线上祥云"数据中心建设、"教师数据画像"、师生"一空间通学"、"混合式教学"研究、"种子教师"专项培养等项目，优化教师队伍管理与培养机制，缩短年轻教师队伍的培养周期，聚焦教师业务水平和综合素养提升，引领教师队伍发展，更好地为孩子的学习发展和健康成长赋能。力争到2025年，学校各级各类名师优师占比增加至65%，培养各学科智慧教育种子教师并在一定范围内进行成果汇报30人，学校教师区级及以上获奖、荣誉平均每年达400人次。

（四）五育融合，助推学生全面发展

8. 创新管理机制，提升德育实效

加强德育师资队伍建设，推进班级共同体成长，形成治班新亮点。加强党团带队建设，发挥少先队大队委示范作用，形成自主管理的新模式。完善"云心评价"体系，实施多元化评价方式，将学生学业、体育锻炼、艺术素养、社会实践、公益参与等内容通过大数据集成，形成动态、个性的学生综合评价新体系。在2025年前争创成为"四川省文明校园"。

9. 促进课堂改革，提高智育质量

积极推进符合学生发展需求的教学改革，以培养有思维力、学习力、创造力的云彩少年为目标，以"云智课堂"改革为重要抓手，拓宽各学科核心素养培养路径，倡导自主、合作、探究的学习方式，探索智慧教育引领下的智慧课堂新模

式,有效提高学校智育质量。

10. 丰富体育课程,提高健康水平

持续优化"悦动课程"体系,凸显校本体育教育特色,进一步完善"3+1+X"课程模式,丰富"X"内容,以足球、健美操、篮球为引领,带动全员学生热爱运动,勇于比赛,让体育运动从普及化、兴趣化走向多样化、特色化。形成"祥云球杯"两球一操体育年赛制,保持足球、篮球比赛在区域排名前五。在2025前年争创"四川省阳光体育示范校""全国校园足球特色校"。将健康生活和营养膳食理念贯穿于体育运动全过程,以健康运动促进学生身体的良好发育,有效抑制肥胖率,近视率控制在32%以下,体质健康合格率保持在98%以上。

11. 拓宽美育路径,增强艺术素养

坚持以文化人,以美育人,着力提升学生艺术素养,培养艺术爱好。利用多元化艺术学习平台,开展丰富多彩的艺术活动,以才艺展示、艺术创作等方式打造"云星闪耀"祥云艺术品牌特色,彰显学生美育文化,用艺术熏陶灵魂,用艺术温润心灵,在2025前争创四川省艺术特色示范校。

12. 重视劳动教育,培养劳动品质

通过讲座、培训、示范,弘扬劳动模范精神,崇尚劳动光荣,探索劳动教育实施路径和方法,构建学校课程、家庭项目、社会实践的三维度劳动模式,提高学生爱劳动意识,提升劳动素养,培养劳动品质。在2025前争创成都市劳动教育试点校。

(五)借势综改,优化学校课程体系

13. 申请综改试验区项目校

申请加入中国教育科学研究院武侯教育综合改革实验区第二轮课程建设项目校,唤醒学校课程建设意识,深化课程改革的自觉性,稳步有序、扎实科学地推进学校课程创新,改善教师教学方式,系统持续推进学校课程改革,构建整体性的学校课程体系。

14. 完善"云彩课程"体系

完善学校个性化特色化课程体系,从"云品立德、云思化慧、云创未来"三个板块构建完善立体化的"云彩课程"体系。构建品格教育、理想信念教育、爱国主义教育、环境保护教育、生命教育、心理健康等云品课程,文化素养、思维提升、

科学精神、国际理解等云思课程,创新教育、志愿服务、艺术教育等云创课程,推进"善读者行之远"师生"阅读课程"建设,形成符合时代发展趋势、适应师生发展需求、特色亮点更为突出的学校课程体系,为实现育人目标奠定基础。

15. 多途径建设和实施课程

通过"一学科一校本课程"和"第二课堂"的建设,让课程更丰富、更高质,以常态课堂、社团课、特长班、综合实践、研学旅行、教育教学活动等途径科学、高质实施课程,提升学生综合素养,有效支撑学生的健康成长和个性化发展。

(六)层层推进,深化学校教学改革

16. 细化学校教学管理

细化落实学校教学管理各项规定,提升教学管理水平。落实教学新常规,形成规范常规新常态,着重抓好课堂教学效益和作业管理环节,为科学、高效提升教学质量夯实基础。提升校本研修质量与特色,规范各学科教研活动,重点优化和完善集体备课的实施过程,关注效益,全力发挥成熟教师的经验优势,构建各学科团结向上、科学扎实的教学研究围,促进年轻教师尽快成长,让教研真正发挥作用,落到实处;丰富各类学科竞赛、研讨活动,以赛促教、以评促教,推动教师不断学习、磨炼,提高自身教学水平、教学素养和教学魅力,助推学校整体教学质量的有效提升。

17. 推进教育科研发展

坚持"科研兴校,科研兴教",坚持"教学科研化,科研课堂化"的教育科研工作思想,积极探索教师学习与研究方式的变革,深化教育教学科研课题研究,提高教师的科研能力,促进教师专业素养的不断提升,力争在下一个五年里,成功新立项2个省级科研课题、2个市级课题,确保教师在研课题研究覆盖率达到100%。

18. 推动"优质学科"建设

根据武侯区"智教乐学"五大行动中"双优质"建设行动的要求,十四五期间,学校将着力推动"优质学科"建设。重点建设3—5个高水平学科团队,以学科建设为抓手,打造优质师资队伍,着力教学水平、教学质量、教学特色的提升和凸显。抓好抓实教学常规管理、课堂主阵地建设、校本研修共同体建设、学科科研建设和学科特色活动建设,积极优化组织效能,争创1—2个区级"优质学科",在学校和区域发挥较强影响力和示范作用。

19. 深化"教与学"的变革

借助智慧教育及智慧评价手段,深化"以学生为中心"的课堂及教学变革。积极推动信息技术与教育教学深度融合,探索实践启发式、探究式、参与式、合作式的教学与学习方式。开展"云智课堂"改革、"双线融合教学"实践、PBL项目式学习研究、"云智汇"教学研讨周等活动,形成乐学、善学、活学的学习氛围,保障学校教育教学质量的稳步提升和持续性优化。科学借助质量检测,提升教师教学效能和学生学业水平。未来五年,学生学业质量稳定保持区域前八,力争发展至区域前五。

20. 探索学生评价改革

围绕"五育并举"和促进学生综合素质的发展,坚持立德树人根本任务,深入推进评价改革,积极进行学生发展评价创新探索。结合智慧教育,推进"云慧"评价体系建设。深化落实武侯区"新三好"评价理念,构建学生综合评价体系,促进学生在家做好孩子、在校做好学生、在社会做好公民。

21. 切实推进学校"微改革"

切实推进学校"微改革"工作,进一步提升学校干部、教师改革研究及创新能力。以学校治理及教育教学领域的薄弱环节为突破口,针对学校管理和教育教学实践中存在的热点难点问题,从小切口入手抓细、抓小、抓微,寻求落实落地的改革创新路径,让学校"微改革"项目更有创新性和实效性,有效改善学校教育教学生态。

(七)交流共建,构建协同育人新机制

22. 建设"家校社"共同体

保持学校可持续生长,构建开放包容、创新增长、互联互通的"家校社"协同育人共同体。优化家校关系,进一步建设和完善民主、开放、合作的三维一体教育制度,把家庭、社区、社会的教育积极性与学校教育的主导性融合发展。积极探索"亲子互动""父母讲师"等家长课堂新模式,激发家庭和社区教育活力,资源共享,互惠互融,形成云朵公益学院和社区服务站比翼齐飞,开启志愿服务新模式,打造云朵志愿者学习、实践、成长新方式,形成家校社互融互通的教育大格局。

23. 加强中外人文交流

深化中外人文交流，建设国际理解教育课程体系。围绕艺术、体育、中外优秀传统文化、科技等方面开展中外人文交流。推进国际理解教育课程建设和实践研究，以课题研究为途径，探索中外人文交流课程建设、课程实施途径，根据上级安排，做好中外人文交流相关工作。

24. 实现引领辐射共同发展

夯实精准帮扶，继续做好教育扶贫，提高教师政治站位、思想认识，落实对口帮扶人员保障。拟定帮扶计划，充分发挥我校"智慧教育示范校"的成效，形成"线上帮扶为主、线下帮扶为辅"的长效帮扶机制。通过校际交流，促进白玉县辽西乡中心小学教师队伍素质提升。确保对口帮扶工作进一步深化，推进学校品牌建设，实现互促共赢。

（八）文化强校，内塑祥云上善文化内涵

25. 塑祥云上善文化

在祥云"上善文化"办学文化引领下，秉持"教育就是一朵云推动另一朵云，一个灵魂唤醒另一个灵魂"的教育理念，坚持"七彩阳光耀祥云"的办学理念，将育人理念与校园环境文化建设有机结合，丰富校园环境文化内涵，促进环境育人，培养"勇敢善良、自由灵动、个性生长的云彩少年"。

26. 创高品智慧校园

在武侯区智慧教育的推动下，着力打造武侯区智慧教育示范学校样板，构建智能化物联网校园环境，建立学校数据中心，通过网络技术实现校园物联网的整合和全面感知，提高校园管理、教育教学的科学、便捷，创造一个高效、智能、幸福的校园环境，为融合创新的智慧教学、透明高效的智慧管理提供有力支撑。力争2025年前争创省、市级数字校园、未来学校、智慧教育示范校等。

27. 建精品生态校园

推进校园建设"有机更新"，发挥环境育人功能，打造辛夷花、芳草青青的景观环境，营造"花开校园"、典雅舒适的盛景效果。推进运动场地的改造升级，完善体育场地资源、丰富锻炼空间，助力学生健康快乐成长。营造温馨的办公环境，缔造完美教室，打造艺术走廊，建设精品书吧，让学校的任何空间都成为祥云文化的展示区。让学生在精品生态的校园中得到全方位的教育与熏陶。

五、强化保障措施，为学校更快更好发展保驾护航

（一）加强组织保障

努力探索党员队伍建设与教师队伍建设相结合、党团活动与教学活动相结合、政治学习与业务学习相结合的新路径，促进党建工作和教育教学工作再上新台阶，实现学校教育的高质量发展。通过整体构思，牢固树立"党建+"理念，通盘考虑学校党建创新举措，有效增强党建工作的活力和吸引力。

（二）完善制度保障

围绕学校"两自一包"改革背景，通过建立有效的协同治理机制，让师生、家长有效参与学校的协同治理，从源头上调动各治理主体(师生、家长)的主动性、积极性与创造性，从而激发学校办学活力，构建现代学校治理体系，真正实现"共建共治共享"的教育治理目标。

（三）构建师资保障

用好"两自一包"管理体制改革赋予的"教师自聘权"优势，通过学校"三级培训"体系，不断建强师资结构和质量，打造更好更优的云馨教师团队。同时，根据武侯智慧教育实验区的总体部署，持续进行智慧教育引领下年轻教师高效成长路径的实践与探索，实现教师快速成长，保障学校管理模式、课堂教学、学生成长、家校共育等方面的高质量发展。

（四）落实经费保障

按照本规划拟定的目标和任务要求，群策群力，制定学校未来五年的经费投入方案，争取获得武侯区教育局的认可和支持，力争把规划中涉及的项目列入本年度经费预算，同时积极争取社会资金支持，确保重点任务的经费支出。

附件

成都市龙江路小学中粮祥云分校
"十四五"发展规划（2021—2025年）年度重点工作目标

年份	重点工作目标	责任部门
2021年	1.加强党建标准化建设，争创成都市党建标准示范校。	综改推进办
	2.打造体育教育"一校一品"，争创成都市足球特色学校。	学生发展中心
	3.推进智慧教育实践，承办1次区级以上智慧课堂展示活动。	课程服务中心
	4.积极开展师生家长阅读活动，承办1次区级阅读分享展示。	教师发展中心
	5.深入推进教育科研工作，完成至少2个区级或以上规划课题申报及立项。	教师发展中心
	6.围绕学校文化打造校园绿化环境育人，完成师生书吧、餐吧更新改造等。	资源服务中心
2022年	1.深入推进智慧课堂改革，各学科打造1-2节"云智课堂"典型案例，参与全区及以上展示、研讨或赛课。争创成都市数字校园和未来学校。	教师发展中心
	2.抓好教师队伍建设，做好教师梯队培养，争创1个区级"优质学科"，区级及以上名师优师占比增加至50%。	教师发展中心
	3.完善"云彩课程"和学科"第二课堂"建设，以课程建设为主题完成一个区级规划课题申报和立项。	课程服务中心
	4.持续打造"云星闪耀"艺术品牌特色，争创四川省艺术特色示范校。	学生发展中心
	5.推进学校环境"有机更新"，开展操场的改造升级，完善体育场地资源、丰富锻炼空间。	资源服务中心
2023年	1.扩大党员队伍，落实党建"双培养"机制，争创四川省党建标准示范校。	综改推进办
	2.智慧教育成效初显，智慧教与学变革经验梳理，以智慧教育为主题申报1个省级课题，新增培育1-2名区级智慧教育种子教师。	教师发展中心
	3.深入实践课程育人，持续完善"云彩课程"评价体系，打造3-5个成熟型校本课程。	课程服务中心
	4.深入推进家校社协同育人、环境育人，争创成都市家庭教育示范校，四川省环境友好型学校。	学生发展中心 资源服务中心

续表

2024年	1. 提炼和展示智慧教育实践成果，承办市级以上智慧课堂展示活动，打响学校智慧教育品牌。争创四川省智慧教育示范学校。	教师发展中心
	2. 深入推进劳动教育实践，争创成都市劳动教育示范校。	学生发展中心
	3. 进一步强化"书香校园"文化建设，争创市区级书香校园示范学校。	课程服务中心
	4. 强化优质学科建设，新培育1-2个区级优质"优质学科"，深入推进教育科研工作，完成1个省级规划课题申报及立项。	课程服务中心 教师发展中心
	5. 深入开展"云朵公益学院"志愿服务活动，做亮云朵志愿品牌。	学生发展中心
2025年	1. 落实党建"双培养"机制，扩大党员队伍，党员干部教师占比达50%以上，持续强化党建标准化建设，争创省级先进党组织。	综改推进办
	2. 加强教师队伍结构优化和能力培养，2025年研究生占比达40%以上。各级各类名师优师占比增加至65%，学校教师区级及以上获奖、荣誉平均每年达400人次。	教师发展中心
	3. 加强五育融合，争创四川省文明校园。	学生发展中心
	4. 强化体育教育特色，争创"四川省阳光体育示范校""全国校园足球特色校"。以健康运动促进学生身体的良好发育，有效抑制学生肥胖率，近视率控制在32%，体质健康合格率保持在98%以上。	学生发展中心
	5. 强化教育科研成效，成功新立项2个省级科研课题、2个市级课题，确保教师在研课题研究覆盖率达到100%。力争区政府成果奖一等奖。	教师发展中心

成都市龙江路小学中粮祥云分校章程

序言

2013年7月,成都市龙江路小学中粮祥云分校(简称"云小"),以国家示范性小学标准为要旨,由中粮集团集资修建、武侯区龙江路小学领衔办学。"云小"位于成都平原西南部、川蜀文化发源地之清水河与江安河的中间地带,毗邻西南民族大学、成都体院以及武侯区高科技企业聚集的西部智谷,与清华大学附属小学、美国纳西尔学校(Naselle Grays River Valley School)等国内外名校互为盟友。自诞生之日起,基于企业、高校、社区的丰富资源,借力龙江路小学教育集团和全国品格教育联盟、成都市党建标准化建设示范校、成都市现代学校制度建设试点校、成都市阳光体育示范校、武侯区新教育实验区实验学校等教育平台,云小以学生为中心,以多彩、多样且个性化的学校"云彩课程"体系为基础,秉持"启智尚美,向上向善"的教育精神,高起点办学,不断创造一所精品学校的新历史。

第一章 总则

第一条 为贯彻落实党和国家教育方针,推进教育治理体系和治理能力现代化,构建政府、学校、社会之间新型关系,促进学校依法自主办学,保障学校、学生、教职工合法权益,提升学校办学品质,根据《中华人民共和国教育法》《中华人民共和国义务教育法》《中华人民共和国教师法》《关于加强中小学校党的建设工作的意见》《关于建立中小学校党组织领导的校长负责制的意见(试行)》等有关法律法规,结合学校实际,制定本章程。

第二条 本单位的领导体制是党组织领导的校长负责制。

第三条 学校名称:成都市龙江路小学中粮祥云分校,简称:"云小";

英文译名:Zhong liang Xiang yun Campus of Chengdu Longjiang Road Primary School,简称:XYPS

学校邮政编码：610043

微信公众号：成都市龙江路小学中粮祥云分校

第四条 学校是成都市武侯区教育局举办的、实施六年小学教育的非营利性事业单位法人。学校实行"教师自聘"、"管理自主"、"经费包干"的"两自一包"办学模式。

学校举办者根据国家法律法规支持学校按照本章程独立、自主办学，保护学校的合法权益，保证学校稳定的经费来源，对学校办学活动进行指导和监督，依照国家有关规定支持学校按照外部选派、内部推选、竞争(聘)上岗、公开选拔(聘)等方式选拔学校校级和中层干部。

学校依法享有相应权利、承担相应义务，独立承担法律责任。

第五条 学校全面贯彻党和国家的教育方针，坚持教育为社会主义现代化建设服务，为人民服务，与生产劳动和社会实践相结合，对学生加强社会主义核心价值观教育，增强学生的社会责任感、创新精神和实践能力，促进学生德、智、体、美、劳等方面全面发展。

第六条 学校秉持"启智尚美、向上向善"办学精神，积极探索现代学校制度改革实践，坚持"走自主创新道路，实施创新驱动发展战略"，践行"七彩阳光耀祥云"办学理念，在发展中形成独具特色的祥云"上善文化"，以"上善教育"统领学校办学思路、办学特色、育人方略、治理结构、教育教学、师资队伍等。

第七条 学校严格按照武侯区教育局相关规定，以免试就近入学为基本原则，面向服务片区公开招收符合条件的适龄儿童，招生规模以武侯区教育局核定的班级和人数为准。

第二章　办学理念与学校文化

第八条 本学校的办学宗旨：坚持以习近平新时代中国特色社会主义思想为指导，全面贯彻党的教育方针，坚持社会主义办学方向，坚持为党育人、为国育才，落实立德树人根本任务，培养德智体美劳全面发展的社会主义建设者和接班人。

第九条 办学理念：七彩阳光耀祥云。

第十条 培养目标：培养新一代勇敢善良、自由灵动、个性生长的云彩少年。

第十一条 学校秉持并实行"七彩阳光耀祥云"办学理念，建设"做朵云"的祥云文化。

校训:崇品笃学云焕彩

校风:云云之韵　和而不同　至善不争

教风:孜孜以求　循循善诱　各有千秋

学风:谦谦君子　善善从长　灵动飞扬

第十二条 学校标识

校徽:

成都市龙江路小学中粮祥云分校
ZHONGLIANG XIANGYUN CAMPUS OF
CHENGDU LONGJIANG ROAD PRIMARY SCHOOL

校歌:《闪亮的星辰》《做朵云》

校庆:以建校之年起,每十年举行一次庆典。

纪念日:2013年9月28日。

第十三条 办学特色:上善教育。

"上善教育"的基本立场:全面贯彻党的教育方针,落实立德树人根本任务,发展素质教育,培育和践行社会主义核心价值观,培养德智体美劳全面发展的社会主义建设者和接班人。

"上善教育"五个着力点:教育引导学生培育和践行社会主义核心价值观,踏踏实实修好品德,成为有大爱大德大情怀的人;教育引导学生心无旁骛求知问学,增长见识,丰富学识,求真理、悟道理、明事理;教育引导学生在体育锻炼中享受乐趣、增强体质、健全人格、锤炼意志,历练敢于担当、不懈奋斗的精神,具有勇于奋斗的精神状态、乐观向上的人生态度;教育引导学生认识美、感受美、欣赏美,提高学生审美和人文素养;教育引导学生崇尚劳动、尊重劳动,做到辛勤劳动、诚实劳动、创造性劳动。

第三章　办学主体

第一节　学生

第十四条 学生是指取得学校入学资格,具有学籍的受教育者。

第十五条 学生享有下列权利：

（一）公平接受学校教育,平等使用学校提供的公共教育资源；

（二）参加教育教学计划安排的各种活动,为发展个性获得全面的素质教育；

（三）在思想品德、综合素质、学业成绩等方面获得公正评价,完成规定学业后获得相应的学业证书；

（四）按照法律和学校规定,参加社会实践、志愿服务、文化体育活动,组织和参加学生社团；

（五）对学校事务、班级建设提出意见与建议,参与学校民主监督和管理；

（六）公平获得各种表彰和奖励；

（七）对学校给予的处分不服向有关部门提出申诉,对学校、教师侵犯其人身权、财产权等合法权益,提出申诉或者依法提起诉讼；

（八）法律、法规和规章规定的其他权利。

第十六条 学生应履行下列义务：

（一）遵守法律、法规；

（二）遵守学生行为规范,养成良好的思想品德和行为习惯；

（三）遵守学校各项规章制度；

（四）乐学善思,主动、全面完成规定的学习任务；

（五）维护学校声誉和权益；

（六）法律、法规、规章规定的其他义务。

第十七条 学校坚持教育公平原则,保障学生平等权益。维护学生平等入学权利,实行均衡编班；

依法接收具有接受普通教育能力的适龄残疾儿童、少年随班就读,根据适龄残疾儿童、少年身心特性和需要实施教育,并为其提供帮助和便利；

建立健全学习帮扶制度,对学习困难学生给予帮扶,不让一名学生受到歧视或欺凌。

第十八条 学校严格执行《中小学生学籍管理办法》等学籍管理规定,使用全国中小学生学籍信息管理系统做好学籍管理,为已接收学生建立学籍档案,申请学籍号。严格执行学生转学、休学、复学、接收等手续程序,及时把学籍变动信息纳入学籍档案。建立学籍保密制度,未经学籍主管部门书面批准,学籍信息一律不得向外提供,严防学籍信息外泄和滥用。

学校对修完修学年限内规定课程且综合素质、学科学习成绩合格的学生,准予毕业。

第十九条 学校积极开展少先队工作,及时吸纳优秀学生加入少先队组织。定期举行少代会、建队日等丰富多彩的少先队活动,充分发挥少先队先锋模范作用。培养理想信念坚定,听党话、跟党走,能够担当民族复兴大任的时代新人,做共产主义事业的接班人。

第二十条 学校实施综合素质评价,重点考察学生的思想品德、学业水平、身心健康、艺术素养、社会实践等方面的发展情况。建立学生综合素质档案,做好学生成长记录,真实反映学生发展状况。

学校把学生思想品德发展状况纳入综合素质评价体系,并认真组织开展评价工作。

学校对德智体美劳方面均表现突出、在某方面有突出成绩或进步显著的学生,予以表彰和奖励,并记入学生本人档案。

第二十一条 学校严格控制考试次数,探索实施等级加评语的评价方式。依据课程标准的规定和要求确定考试内容,对相关科目的实验操作考试提出要求。命题应紧密联系社会实际和学生生活经验,注重加强对能力的考察。考试成绩不进行公开排名,不以分数作为评价学生的唯一标准。

第二十二条 学校按照上级部门的有关规定,对符合入学条件且家庭经济困难的学生给予资助,帮助其完成学业。

第二十三条 学校建立健全学生评教制度,支持学生参与班级和学校的民主管理与监督。

第二十四条 学校为学生提供心理健康教育、文化体育设施、社会实践及相关服务。学校落实《中小学图书馆(室)规程》,加强图书馆建设与应用,提升服务教育教学能力。建立实验室、功能教室等的使用管理制度,面向学生充分开放,提高使用效益。

第二十五条 学校建立和完善学生权利保障机制和权益救济制度,维护学生合法权益。

第二节 教职工

第二十六条 教职工是指与学校建立正式劳动人事关系的人员。学校教职工由教师和其他专业技术人员、管理人员和工勤人员等组成。

第二十七条 学校对教职员工实行下列任职制度：

（一）教师实行资格认证制度和专业技术岗位聘任(用)制度；

（二）其他专业技术人员实行专业技术岗位聘用制度；

（三）管理人员实行岗位聘用制度；

（四）工勤人员实行劳动合同、岗位聘用制度。

第二十八条 教职工享有下列权利：

（一）进行教育教学活动,开展教育教学改革和实验；

（二）从事教学、科研、学术交流活动,参加专业学术团体,在教育教学研究活动中充分发表意见；

（三）指导学生的学习和发展,评定学生的品行和学业成绩；

（四）按规定使用学校的公共资源,公平获得自身发展所需的机会和条件；

（五）在品德、能力和业绩等方面获得公正评价,公平获得各种奖励及荣誉称号；

（六）享受国家法律法规及学校规定的工资报酬、福利待遇以及寒暑假期的带薪休假；

（七）对学校教育教学、管理工作和教育行政部门的工作提出意见和建议,通过教职工代表大会或者其他形式,参与学校的民主管理；

（八）就职务聘用、福利待遇、评优评奖、纪律处分等事项表达异议和提出申诉；

（九）法律、法规、规章与合同约定的其他权利。

第二十九条 教职工应履行下列义务：

（一）坚持以习近平新时代中国特色社会主义思想为指导,拥护中国共产党的领导,贯彻党的教育方针；

（二）忠于祖国,忠于人民,恪守宪法原则,遵守法律法规,依法履行教师职责；

（三）带头践行社会主义核心价值观,弘扬真善美,传递正能量；

(四)落实立德树人根本任务,遵循教育规律和学生成长规律,因材施教,教学相长;遵守学校规章制度,执行学校的教学计划,履行教师聘约,完成教育教学工作任务;

(五)严慈相济,诲人不倦,真心关爱学生,严格要求学生,做学生良师益友;

(六)增强安全意识,加强安全教育,保护学生安全,防范事故风险;

(七)为人师表,以身作则,举止文明,作风正派,自重自爱;

(八)坚持原则,处事公道,光明磊落,为人正直;

(九)严于律己,清廉从教;

(十)勤勉敬业,乐于奉献,自觉抵制不良风气;

(十一)维护学校声誉和权益;

(十二)法律、法规、规章规定和合同约定的其他义务。

第三十条 学校为教职员工开展教育教学、教育科研、社会服务、文化传承创新等提供必要的条件和保障,对教师在教育教学、科学研究中的创造性工作给以鼓励和帮助。

第三十一条 学校坚持用习近平新时代中国特色社会主义思想武装教师头脑,加强教师思想政治教育和师德建设,建立健全师德建设长效机制,促进教师牢固树立和自觉践行社会主义核心价值观,严格遵守《中小学教师职业道德规范》《新时代中小学教师职业行为十项准则》,增强教师立德树人的荣誉感和责任感,做有理想信念、道德情操、扎实学识、仁爱之心的好老师和学生锤炼品格、学习知识、创新思维、奉献祖国的引路人。

第三十二条 学校建立健全教师管理制度,完善教师岗位设置、职称评聘、考核评价和待遇保障机制。建立教职员工权利保障机制,健全教职工权益救济制度,激发教师的积极性和创造性。关心教师生活状况和身心健康,并做好教师后勤服务,丰富教师精神文化生活,减缓教师工作压力,定期安排教师体检。

第三十三条 学校组织教师认真学习课程标准,熟练掌握学科教学的基本要求。针对教学过程中的实际问题开展校本教研,定期开展集体备课、听课、说课、评课等活动,提高教师专业水平和教学能力。推动教师阅读工作,引导教师学习经典,加强教师教育技能和教学基本功训练,提升教师普通话水平,规范汉字书写,增强学科教学能力。提高教师信息技术和现代教育装备应用能力,强化实验教学,促进现代科技与教育教学的深度融合

第三十四条 学校完善教师培训制度,制订教师培训规划,指导教师制订专业发展计划,建立教师专业发展档案。引进优质培训资源,定期开展专题培训,促进教研、科研与培训有机结合,发挥校本研修基础作用。鼓励教师利用网络学习平台开展教研活动,建设教师学习共同体。

第三十五条 学校落实《中小学班主任工作规定》,建立健全班主任选配、聘任、培训、考核等制度,实行班主任职级制度;

落实班主任工作量计算、津贴等待遇。

第三十六条 学校按照人事管理制度对教职工的政治思想、业务水平、工作态度和工作成绩进行考核,考核结果作为续聘、转岗、解聘、晋升、奖励或者处分的依据。学校对取得突出成绩和做出突出贡献的教职工给予表彰、奖励,对违反法律、法规、规章和教师职业道德规范要求的教师,依法依规予以处分。

第三十七条 学校根据教育教学、教育科研、管理服务的实际需要,通过购买服务的形式,配备教学辅助人员、工勤人员,并签订相应合同约定权利、义务。

第四章 学校治理结构与运行机制

第一节 领导体制

第三十八条 学校实行党组织领导的校长负责制。校长主持学校全面工作,党支部发挥政治核心作用,教职工通过教职工代表大会参与学校民主管理和监督。

第三十九条 党支部是学校的领导核心,全面领导学校工作,全面推进党的政治建设、思想建设、组织建设、作风建设、纪律建设,把制度建设贯穿其中,深入推进反腐败斗争,不断提高党的建设质量。

龙江路小学中粮祥云分校党支部主要履行下列职责:履行把方向、管大局、做决策、抓班子、带队伍、保落实的领导作用,支持校长依法依规行使职权,推动学校健康发展。

(一)坚持以习近平新时代中国特色社会主义思想为指导,增强"四个意识"、坚定"四个自信"、做到"两个维护",贯彻党的基本理论、基本路线、基本方略,坚持为党育人、为国育才,确保党的教育方针和党中央决策部署在学校得到切实贯彻落实。

(二)坚持把政治标准和政治要求贯穿办学治校、教书育人全过程各方面,坚持社会主义办学方向,落实立德树人根本任务,团结带领全校教职工推动学校改革发展,培养德智体美劳全面发展的社会主义建设者和接班人。

(三)讨论决定事关学校改革发展稳定及教育教学、行政管理中的"三重一大"事项和学校章程等基本管理制度,支持和保证校长依法依规行使职权。

(四)坚持党管干部原则,按照有关规定和干部管理权限,负责干部的教育、培训、选拔、考核和监督。讨论决定学校内部组织机构的设置及其负责人的人选,协助上级党组织做好学校领导人员的教育管理监督等工作。

(五)坚持党管人才原则,按照有关规定做好教师等人才的培养、招聘、使用、管理、服务和职称评审、奖惩等相关工作。

(六)开展社会主义核心价值观教育,抓好学生德育工作,做好教职工思想政治工作和学校意识形态工作,加强师德师风建设和学校精神文明建设,推动形成良好校风教风学风。

(七)加强学校党组织建设和党员队伍建设工作,严格执行"三会一课"等党的组织生活制度,发挥基层党组织战斗堡垒作用和党员先锋模范作用。

(八)坚持全面从严治党,领导学校党的纪律检查工作,落实党风廉政建设主体责任。

(九)领导工会、共青团、妇女组织、少先队等群团组织和教职工大会(教职工代表大会),强化党建带团建、队建,加强学生会和学生社团管理,做好统一战线工作。

(十)讨论决定学校其他重要事项。

第四十条 学校党支部实行集体领导和个人分工负责相结合的制度。凡属重大问题都要按照集体领导、民主集中、个别酝酿、会议决定的原则,由党支部委员会集体讨论做出决定。党支部班子成员根据集体的决定和分工,切实履行职责。

第四十一条 学校党支部书记主持党支部全面工作,负责组织党支部重要活动,督促检查党支部决议贯彻落实,督促党支部班子成员履行职责、发挥作用。

第四十二条 校长是学校法定代表人,在学校党支部领导下,全面贯彻党的教育方针,组织实施学校党支部委员会有关决议,依法依规行使职权,全面负责学校的教育教学和行政管理等工作。

校长依法履行下列主要职责:

（一）研究拟订和执行学校发展规划、基本管理制度、内部教育教学管理组织机构设置方案。研究拟订和执行具体规章制度、年度工作计划。

（二）组织开展教学活动和教育教学研究，加强教育教学管理，深化教育教学改革，负责招生、就业和学生学籍管理。

（三）加强学生德育、体育、美育、劳动教育和心理健康教育，提高学校思政课教学质量。组织开展学校文化活动和科学普及活动，建设文明校园。

（四）研究拟订和执行学校重大建设项目、重要资产处置、重要办学资源配置方案，管理和保护学校资产。

（五）研究拟订和执行学校年度预算、大额度支出，加强财务管理和审计监督。

（六）加强教师等各类人才日常教育管理服务工作，依据有关规定与教师以及内部其他工作人员订立、解除或终止聘用合同。

（七）做好学校安全稳定和后勤保障工作。

（八）组织开展学校对外交流与合作，加强学校与社会、家庭的联系，形成育人合力。

（九）向学校党组织报告重大决议执行情况，向教职工大会（教职工代表大会）报告工作，支持群团组织开展工作，依法保障师生员工合法权益。

（十）履行法律法规和学校章程规定的其他职权。

第四十三条 学校实行党组织领导的校长负责制，充分发挥党组织领导作用，保证校长依法依规行使职权，建立健全党组织统一领导、党政分工合作、协调运行的工作机制。合理确定学校领导班子成员分工，明确工作职责。学校领导班子成员必须认真执行集体决定，按照分工积极主动开展工作。

第四十四条 建立学校党支部书记和校长定期沟通制度。党支部书记和校长要及时交流思想、工作情况，带头维护班子团结。学校党支部会议、校长办公会议的重要议题，党支部书记、校长应当在会前听取对方意见，意见不一致的议题暂缓上会，待进一步交换意见、取得共识后再提交会议讨论。集体决定重大问题前，党支部书记、校长和有关领导班子成员要个别酝酿、充分沟通。

第四十五条 学校领导班子成员应当经常沟通情况、协调工作。学校党支部书记、校长要发扬民主，充分听取和尊重班子成员的意见，支持他们的工作。学校领导班子成员要相互理解、相互支持，对职责分工交叉的工作，注意协调配合，努力营造团结共事的和谐氛围。

第二节 决策机制

第四十六条 学校党支部委员会议讨论决定学校重大问题。党支部委员会议由党支部书记召集并主持,不是党支部班子成员的行政班子成员根据工作需要可列席会议。议题相关部门负责人可以列席会议,涉及师生切身利益的重大议题可以邀请教师代表列席。

会议议题由学校领导班子成员提出,党支部书记确定。会议应当有半数以上党支部班子成员到会方能召开;讨论决定学校发展规划、"三重一大"(学校重大决策、重要干部任免、重要项目安排和大额度资金的使用)以及事关教职员工切身利益的重大事项是,必须有三分之二以上党支部班子成员到会。

第四十七条 校长办公会议是学校行政议事决策机构,研究提出拟由学校党支部讨论决定的重要事项方案,具体部署落实党支部决议的有关措施,研究处理教育教学、行政管理等工作。会议由校长召集并主持。会议成员一般为学校行政班子成员,不是行政班子成员的党支部班子成员可参加会议。会议议题由学校领导班子成员提出,校长确定。会议应当有半数以上行政班子成员到会方能召开。校长应当在广泛听取与会人员意见基础上,对讨论研究的事项作出决定。

第四十八条 学校党支部委员会议和校长办公会议要坚持科学决策、民主决策、依法决策。讨论决定学校重大问题,应当在调查研究基础上提出建议方案,经学校领导班子成员特别是党支部书记与校长充分沟通且无重大分歧后提交会议讨论决定。对涉及干部工作的方案,在提交党支部委员会议讨论决定前,应当在一定范围内进行充分酝酿。对事关师生员工切身利益的重要事项,应当通过教职工大会(教职工代表大会)或其他方式,广泛听取师生员工的意见和建议。对专业性、技术性较强的重要事项,应当经过专家评估及技术、政策、法律咨询。会议决定的事项如需变更、调整,应当按照决策程序进行复议。

第三节 学术组织与职能部门

第四十九条 学校设立学术委员会,审议学校教科研发展规划和管理制度,评定教育、教学、科研成果,评议教师学术水平,对学校课程(专业)、师资队伍规划与建设提供咨询。

学术委员会由校内具有学术威望的不同学科或者专业的骨干教师组成,必要时可以邀请校外专家参与。

学术委员会履行下列职责：

（一）审议学校重大教育教学改革，课程建设，教师职称（职务）初评方案，特级教师、市区学科带头人、骨干教师的推荐、教科研方案等；评定教学、教科研成果；调查、处理学术纠纷；调查、认定学术不端行为；

（二）学术委员会作为教师职称（职务）初评委员会，负责教师职称初评，特级教师和市区学科带头人、骨干教师的推荐，教育教学质量优秀的评选、学校学术办公室的设立、管理和评价，科研项目的申请以及重大科研项目的招标；

（三）学术委员会组成人员，由学校领导班子提名，提交教职工代表大会审议，达到75%以上赞成票方能通过；

（四）学术委员会组成人员中教师代表的比例，不得低于50%；

（五）学术委员会主席由学校党支部任命，主持学术委员会日常工作三年；

（六）学术委员三年一个任期；

（七）为保证学校行政工作与学术工作的良好沟通，根据工作需要，学术委员会主席列席行政办公会议，学校分管人力资源工作的副校长列席学术委员会议。

第五十条 学校围绕人才培养的根本任务，按照规范、合理、精简、统一、高效原则设置职能部门。

学校职能部门承担校内教育教学工作的计划、组织、落实、协调、服务和对外联络等职责，服务学校发展战略，服务师生员工。

第四节 民主管理

第五十一条 学校设立校务委员会。校务委员会是学校的咨询机构。校务委员会由党支部书记和校长、行政、教师、家长和社区代表等人员组成。学校可以根据需要，邀请专家学者、学校法律顾问、社会知名人士或者杰出校友担任校务委员。校务委员会主任由学校校长担任。

校务委员会主要履行以下职责：

（一）审议通过校务委员会章程、章程修订案；

（二）决定委员的增补或者退出；

（三）就学校章程拟定或者修订、学校发展目标及规划、年度预决算、重大教育教学改革举措等重大问题进行决策咨询或者参与审议；

（四）参与审议学校开展教育合作、教育教学改革的整体方案及重要协议等，

提出咨询建议,支持学校开展教育教学改革;

(五)参与评议学校办学质量,就学校办学特色与教育质量进行评估,提出合理化建议或者意见;

(六)校务委员会建立例会制度,每学期至少召开一次全体会议;也可召开专题会议,或者设立若干专门小组负责相关具体事务;

(七)校务委员会会议遵循民主协商的原则,建立健全会议程序和议事规则,保障各方面代表能够就会议议题充分讨论、自主发表意见,并以协商或者表决等方式形成共识;

(八)校务委员会秘书处设在学校,负责安排校务委员会会议,联系校务委员会成员,处理校务委员会的日常事务等。学校提供必要的经费保证校务委员会正常开展活动。

第五十二条 学校建立教职工代表大会。学校教职工代表大会是教职工依法参与学校民主管理和监督的基本形式,行使审议建议权、审议通过权、评议监督权。

教职工代表大会依法享有以下职权:

(一)听取学校章程草案的制定和修订情况报告,提出修改意见和建议;

(二)听取学校发展规划、教职工队伍建设、教育教学改革、校园建设以及其他重大改革和重大问题解决方案的报告,提出意见和建议;

(三)听取学校年度工作、财务工作、工会工作报告以及其他专项工作报告,提出意见和建议;

(四)审议通过学校提出的与教职工利益直接相关的福利、校内分配实施方案以及相应的教职工聘任、考核、奖惩办法;

(五)审议学校上一届(次)教职工代表大会提案的办理情况报告;

(六)按照相关工作规定和安排评议学校中层及以上领导干部履职情况;

(七)通过多种方式对学校工作提出意见和建议,监督学校章程、规章制度和决策的落实,提出整改意见和建议;

(八)支持校长行使职权,动员教职工努力完成学校各项工作任务;

(九)根据教职工代表履职情况,每年教代会确定是否进行人员改选;

(十)讨论法律法规规章规定的以及学校与学校工会商定的其他事项。

(十一)每学期期末,学校召开一次教职工代表大会。

第五十三条 学校工会是学校教职工代表大会的工作机构,在教职工代表大会闭会期间,组织传达贯彻教职工代表大会精神,督促检查教职工代表大会决议的落实,就学校民主管理工作向学校党组织汇报,与学校沟通。

第五十四条 学校成立家长委员会,代表家长参与学校民主管理。

家长委员会应当支持和监督学校做好教育工作,对涉及学生切身利益的规章制度和事项等提出意见和建议。学校应当定期听取家长委员会意见和建议,并对未采纳的意见建议作出说明。学校应当为家长委员会开展工作提供便利。

家长委员会成员通过学生家长自愿报名、民主推选等方式产生。

第五节 学校制度体系

第五十五条 学校治理遵循教育规律和法治原则,建设依法办学、自主管理、民主监督、社会参与的现代学校制度。

第五十六条 学校建立健全安全制度,开展安全教育。

学校实施教育教学活动或者组织校外活动,应当制定安全应急预案,采取有效安全防范措施。发生伤害事故时,学校应当及时采取处置措施。事故责任认定和处理,按照国家侵权责任、学生伤害事故处理的有关规定执行。

学生在节假日、寒暑假、放学离校后等非在校期间以及非学校组织的活动中,发生伤害事故的,组织者及学生监护人应当依法承担相关责任。

第五十七条 学校建立健全档案管理制度。学校建立档案室,加强档案资料的建设与管理。各职能部门做好各类资料的收集、整理和归档工作。学校建立校史室,重视教育历史物证遗存保护,发掘和弘扬校本优秀文化传统。

第五十八条 学校建立党务公开、校务公开制度,落实教职工、学生的知情权、参与权、表达权、监督权。

学校发展规划以及教职工选聘、教师专业(技术)职务评聘、招生工作、经费预决算等方案制定、实施过程和结果,应当公开。

第五十九条 学校建立健全师生权益保护和争议解决制度,维护教师、学生的合法权益。

学校对教师、学生作出处分决定前,应当告知当事人,并听取当事人的陈述和申辩,必要时听取有关教师、学生、家长代表的意见。教师、学生对学校作出的处理决定不服的,可以向学校提出复核。对复核决定不服的,可以依法向主管的教育行政部门或者其他有关部门提出申诉。

第六十条 学校加强教育信息化建设,建立师生信息管理系统和校务信息管理系统,提升学校治理水平。

第五章　教育教学

第六十一条 学校推动习近平新时代中国特色社会主义思想进校园、进课堂、进头脑,落实《中小学德育工作指南》《中小学生守则》,坚持立德树人,五育并举,引导学生养成良好政治素质、道德品质、法治意识和行为习惯,形成积极健康的人格和良好的心理品质,促进学生核心素养提升和全面发展。

第六十二条 学校实施"上善教育",统筹德育资源,创新德育形式,探索课程育人、文化育人、活动育人、实践育人、管理育人、协同育人等多种途径,形成全员育人、全程育人、全方位育人的德育工作格局。

学校建立党组织领导校长负责、群团组织参与、家庭社会联动的德育工作机制。将德育工作经费纳入经费年度预算,优化德育队伍结构,提供德育工作必须的场所、设施。

第六十三条 学校加强特色班集体建设与管理,充分发挥学生自主管理作用。

学校引导、支持学生自主制定班规、班级公约等,培养学生参与班级生活、自主管理、民主协商的能力,养成按规则办事的习惯,引导学生在班级生活的实践中感受规则的力量,培养制度观念,激发学生自律意识和责任意识。营造班级育人环境,推进班级文化建设。

第六十四条 学校落实国家义务教育课程方案和课程标准,严格遵守国家关于教材、教辅管理的相关规定,确保国家课程全面实施。

根据学生发展需要和地方、学校、社区资源条件,科学规范开设地方课程和校本课程,编制课程纲要,加强课程实施和管理。围绕学校文化核心,从云品立德、云思化慧、云创未来三个维度出发,建设由"基础类课程＋延伸类课程＋发展类课程"组成的"云彩课程"体系,开展课程和教学改革。学校课程改革、教学改革方案等须报主管教育行政部门备案。学校通过变革学习方法、更新教学途径、提升教学手段、构建智慧空间等多种方式,打造以学生为中心的"云智课堂",构建教师核心能力培养模式。

学校开齐开足综合实践活动课程,充分利用各类综合实践基地,多渠道、多种形式开展综合实践活动。寒暑假布置与劳动或社会实践相关的作业。

学校创新各学科课程实施方式，强化实践育人环节，引导学生动手解决实际问题。

第六十五条 学校定期开展教学质量分析，建立基于过程的学校教学质量保障机制，统筹课程、教材、教学、评价等环节，主动收集学生反馈意见，及时改进教学。

学校采取启发式、讨论式、合作式、探究式等多种教学方式，提高学生参与课堂学习的主动性和积极性。

学校创新作业方式，避免布置重复机械的练习，多布置科学探究式作业。根据学生掌握情况布置分层作业。

第六十六条 学校坚持以提高质量为核心的教育发展观，注重教育内涵发展，努力把学校办出特色、办出水平。

学校建立以提高教育质量为导向的管理制度和工作机制，把教育资源配置和学校工作重点集中到强化教学环节、提高教育质量上来。

第六十七条 学校根据自身办学特点，建立健全学科大组、学科教研组等基层教学管理制度，实行组长职级制。

学科大组组长协助教学管理部开展本学科教师培训以及业务提升工作，组织集体备课和教学研究活动，完成教育教学任务。

学科教研组组长负责组织本年级学科组教师进行集体教学研究工作。学科教研组定期开展教学研究活动，按学校安排参加各种培训和学术活动，贯彻落实教学计划，完成各项教学任务。

学科大组、学科教研组在分管行政领导与骨干教师引领下协同开展教育教学工作。学校健全各科教学常规制度，加强教学管理和研究，提高教学质量。积极探索信息技术在教学管理中的应用，建设数字化管理平台，及时共享优质教育教学资源。

第六十八条 学校采用班级授课制，严格执行课程计划，严格教学质量监控，加强教材教辅资料管理，合理控制学生课外负担，重视学习困难学生转化；建立以提高教育质量为导向的管理制度和工作机制，把教育资源配置和学校工作重点集中到强化教学环节、提高教育质量上来。

汉语言文字为学校的基本教学语言文字，学校使用全国通用的普通话和规范字。

第六十九条 学校严格规范教学行为。遵循教育规律,不随意加深课程难度、不随意增减课程和课时、不赶超教学进度和提前结束课程,不组织学生参加各种有违教育规律的竞赛和不当竞争,不占用学生法定休息时间加班加点或集体补课。

学校尊重学生主体地位,遵循学生认知规律,注重学思结合、知行统一、因材施教原则,实施"一二三四五"的"云智课堂"教学主张:一个中心——以学生为中心;坚持"两善于"教学理念——善于放手学生暴露思维、善于应对生成形成智慧;制定"三追求"——价值性、关联性、融合性;构建"四推动"——问题驱动、情境带动、工具撬动、多维互动;实施"五必有"——有设计、有分工、有合作、有工具、有评价的活动化教学模式,激励学生在活动中探究知识的生成,提高课堂教学效率,提升学生学习质量。学校充分运用现代教育技术,加强教学管理,开展教学研究,改进教学方法与评价方式,提高教学质量,切实减轻学生过重的学业负担切实减轻学生负担。

第七十条 学校课堂管理面向全体学生,以学生为中心,面向学生发展的全过程,面向学生的全面发展;以培养学生良好的行为习惯、学习习惯、学习能力、学习品质为核心,注重学习的过程、体验、交流、合作,变学生在课堂上的被动学习为主动学习。

第七十一条 学校按照"以研定培,以培促研,研培一体"的工作思路,蓬勃课改科研,提升课堂效益,以"研究、指导、服务"为宗旨,大力开展校本研修和各级各类教育科研课题等研究活动,促进教师向学习型、科研型、反思型、专家型教师迈进。

学校营造民主、自由、科学的研究氛围,构建对话、合作、反思、共享的研修文化,鼓励教师开展教育教学改革和实验,鼓励教师著书立说。

学校鼓励教师利用网络学习平台开展教研活动,建设教师学习共同体。

第七十二条 开展社会主义核心价值观教育。学校把社会主义核心价值观融入教育教学全过程,落实到学校教育教学和管理服务各环节,引导学生牢牢把握富强、民主、文明、和谐作为国家层面的价值目标,深刻理解自由、平等、公正、法治作为社会层面的价值取向,自觉遵守爱国、敬业、诚信、友善作为公民层面的价值准则,将社会主义核心价值观内化于心、外化于行。

第七十三条 开展中华优秀传统文化教育。学校开展家国情怀教育、社会关爱教育和人格修养教育,传承发展中华优秀传统文化,大力弘扬核心思想理念、中华传统美德、中华人文精神,引导学生了解中华优秀传统文化的历史渊源、发展脉络、精神内涵,增强文化自觉和文化自信。

第七十四条 开展法制教育。学校落实《青少年法治教育大纲》,健全法治教育的体制机制,充分发挥法治的育人功能。

学校着重普及宪法常识,养成守法意识和行为习惯,让学生感知生活中的法、身边的法,培育学生的国家观念、规则意识、诚信观念和遵纪守法的行为习惯。

第七十五条 开展生态文明教育。学校加强节约教育和环境保护教育,开展大气、土地、水、粮食等资源的基本国情教育,帮助学生了解祖国的大好河山和地理地貌,开展节粮节水节电教育活动,推动实行垃圾分类,倡导绿色消费,引导学生树立尊重自然、顺应自然、保护自然的发展理念,养成勤俭节约、低碳环保、自觉劳动的生活习惯,形成健康文明的生活方式。

第七十六条 开展心理健康教育。学校开展认识自我、尊重生命、学会学习、人际交往、情绪调适以及适应社会生活等方面的教育,引导学生增强调控心理、自主自助、应对挫折、适应环境的能力,培养学生健全的人格、积极的心态和良好的个性心理品质。

学校建立心理辅导咨询室、学生心理健康档案,配备专、兼职教师对学生开展心理辅导咨询工作。

第七十七条 开展体育教育。学校树立健康第一的教育理念,帮助学生养成终身锻炼的习惯,掌握一两项终身受益的技能。保质保量开齐开足体育课,成立学校运动队,支持成立各种体育社团和体育兴趣小组,开设选修课,做好日常体育活动。保证学生每天一小时校园体育活动,严禁挤占体育课和学生校园体育活动时间。创新体育活动内容、方式和载体,定期举办运动会,培养学生的运动技能与兴趣。

第七十八条 加强和改进学校美育。学校坚持以美育人,遵循美育特点,弘扬中华美育精神,帮助学生认识美、体验美、感受美、欣赏美,提升学生审美水平以及创造美的能力严格执行国家课程计划,开齐、开足、上好艺术类课程,开设艺术类校本选修课,支持建立学生艺术社团和兴趣小组。定期举办艺术节,开展各种艺术活动。

第七十九条 开展劳动教育。学校将教育与生产劳动和社会实践相结合,以知促行、以行促知,学以致用。学校将国家规定的综合实践活动课程、通用技术课程作为实施劳动教育的重要渠道,开展校内劳动,组织校外劳动,鼓励家务劳动。

第八十条 开展科技教育。学校贯彻《全民科学素质行动计划纲要》,定期举办科创节,通过开展科普讲座、科普宣传、科技培训、科创发明竞赛等系列活动,着力提高学生科学素质。

第六章 学校资产

第八十一条 学校办学经费由武侯区教育局统一划拨。

第八十二条 学校依法管理、使用本单位的经费和设施,建立完善财产和财务制度,按照规定拟定单位预算并经相关主管部门批准后实施。

第八十三条 学校资产受法律保护,任何单位、个人不得侵占、私分和挪用。

学校对侵占校舍、场地、设施等的行为和侵犯学校名称权及无形资产的行为,应积极履行国有资产管理职责,依法追究侵权者的责任。

对学校财物造成损坏的应当依法赔偿。

第八十四条 学校建立健全财务管理制度。学校财务管理实行党组织领导的校长负责制。校长在学校党组织领导下,依法依规管理财务工作,对财务资料的真实性、完整性负责。

学校建立健全财产、物资管理制度,建立资产台账,落实专人管理,定期清点,及时做好变更、增减手续。

学校向教职工和学生提供符合国家安全标准的教育教学设施设备,有计划地进行学校基本建设和维护修缮工作,并及时检查、维修,消除安全隐患。

学校加强对体育场、图书室、实验室、家政室、计算机房、保健室、心理咨询室等专业设施的管理,充分发挥教学设施、仪器设备、体育器材、图书音像资料的使用效益,防止设备设施的闲置和浪费。

第八十五条 学校如遇因政府规划调整等不可抗拒因素而需要迁址、合并、分立或终止时,应当及时制订保护学校资产安全的方案,并依法进行资产清算。

第八十六条 学校严格执行收费政策,规范收费行为,按照有关部门确定的项目和标准收费。各项收入按照有关规定实行收支两条线管理。

第七章　学校与家庭、社会

第八十七条 健全和完善家长委员会制度,建立家长学校,设立学校开放日,提高家长在学校治理中的参与度,形成育人合力。

学校根据教育教学需要,聘请兼职教师和校外学生辅导员。

学校建立德育、科普、法制、社区等各类教育基地,定期组织开展校外教育活动。

学校通过建立家长学校等方式,指导和帮助家长掌握科学的教育方法。鼓励、支持家长参与学校教育教学活动。

第八十八条 学校作为社区的组成成员,应配合社区教育委员会,动员社会各界支持学校工作,优化育人环境。

学校通过加强内部建设,以良好的校风、教风、学风树立良好的公共形象,在社区文明建设中发挥积极作用。

学校依托社区,努力开发社区教育资源,开展社会实践活动,为学生创造服务社区和实践体验的机会。

第八十九条 学校依靠街道办事处、社区、派出所共同开展校园及周边地区的综合治理工作,加强对行为偏差学生的教育,防治校园欺凌和暴力,建设平安文明校园。

第九十条 学校建立校友会组织,发挥校友的宣传、桥梁、教育、助学、咨询等作用,促进学校发展。

第九十一条 学校根据教育教学需要,自主开展与国内学校、企事业单位或者机构的教育合作、交流与培训。

学校开展国际教育合作与师生交流,加强与国外发达国家教育合作与师生交流,聘请外籍教师,面向世界推进教育理念、教育内容、教育方式的创新优化。

第八章　附则

第九十二条 学校建立健全本章程统领下的学校制度体系,学校制度的"立、改、存、废"事宜均依照民主程序进行。

第九十三条 本章程是学校运行的基本规范,学校其它规章制度依据本章程制定和修订,不得与本章程相抵触。

第九十四条 本章程经教职工(代表)大会、校务委员会审议通过后,由校长办公会议审议,经党组织委员会审定,报成都市武侯区教育局备案。

第九十五条 本章程修订须经校长办公会或者三分之一以上教代会代表提议修改,章程修订案的审核程序依据第九十二条规定执行。

第九十六条 学校协同中心受理对违反本章程的管理行为、办学活动的举报和投诉。

第九十七条 本章程由校长办公会议负责解释。

第九十八条 本章程自公布之日起施行。

成都市龙江路小学中粮祥云分校

教职工代表大会议事规则

为了探索建设现代学校制度,营造和谐向上的校园管理氛围,保障教职工有效参与学校民主管理和民主监督的权利,根据《中华人民共和国教育法》《中华人民共和国工会法》等有关法律法规以及《成都市龙江路小学中粮祥云分校学校章程》制定本制度。

第一章 总则

第一条 教职工代·表大会(以下简称教代会)是教职工依法参与学校民主管理和监督的基本形式,行使审议建议权、审议通过权、评议监督权。

第二条 教代会要坚持党的基本路线,贯彻执行党和国家的教育方针、政策,正确处理国家、集体和个人的利益关系,维护教职工的合法权益,保障教职工参与学校民主管理和民主监督的权利。

第三条 教代会在学校党支部的领导下开展工作,按照本制度的程序正确行使职权。

第四条 教代会的组织原则是民主集中制。

第二章 组成

第五条 教职工代表的构成既要兼顾学校各方面人员,又要充分体现以教学为主,代表总人数不少于教职工总人数的 30%(其中教师代表一般应占60%以上);同时,教职工代表的构成还须注意老、中、青、妇、党外人士的比例。

第六条 教职工代表,以工会小组为单位,由教职工民主选举、差额产生。

第七条 凡是与成都市龙江路小学中粮祥云分校签订聘任聘用合同、具有聘任聘用关系的教职工,均有选举权与被选举权。教职工代表的基本条件是:(一)认真践行社会主义核心价值观,拥护党和国家的方针政策,遵纪守法,模范遵守学校的各项规章制度,努力提升自身综合素养。(二)有一定的理论政策水平和议事能力,有参与学校民主管理、民主决策和民主监督的能力,不谋私利,勇于维护教职工的合法权益。(三)热心为群众说话办事,坚持原则、作风正派、办事公道、团结同志,受教职工的信赖和拥护。

第八条 教代会代表受全体教职工监督,必要时可以依照规定的程序撤换、更换和补选代表。代表办理了退(离)休手续或调离学校,其代表资格自动取消,教代会按规定程序增选、补选;代表受到记大过以上行政处分、或依法受到刑事处罚、被开除职务的取消其代表资格。

第九条 教代会代表不履行职责的,可以依照规定的程序罢免其代表职务。罢免或补选程序由教代会确定。

第三章　议事决策范围

第十条 听取学校章程草案的制定和修订情况报告,提出修改意见和建议。

第十一条 听取学校发展规划、教职工队伍建设、教育教学改革、校园建设以及其他重大改革和重大问题解决方案的报告,提出意见和建议。

第十二条 听取学校年度工作、财务工作、工会工作报告以及其他专项工作报告,提出意见和建议。

第十三条 审议通过学校提出的与教职工利益直接相关的福利、校内分配实施方案以及相应的教职工聘任、考核、奖惩办法。

第十四条 审议学校上一届(次)教职工代表大会提案的办理情况报告。

第十五条 按照相关工作规定和安排评议学校中层及以上领导干部履职情况。

第十六条 通过多种方式对学校工作提出意见和建议,监督学校章程、规章制度和决策的落实,提出整改意见和建议。

第十七条 支持校长行使职权,动员教职工努力完成学校各项工作任务。

第十八条 根据教职工代表履职情况,每年教代会确定是否进行人员改选。

第十九条 讨论法律法规规章规定的以及学校与学校工会商定的其他事项。

第四章　运行管理

第二十条 教职工大会代表每三年为一届,每学期期末,学校召开一次教职工代表大会。每次会议必须有三分之二以上的代表出席。

第二十一条 遇有重要事项,经三分之一以上教职工代表或行政办公会提议,可提前召开或召开临时会议。

第二十二条 教职工代表大会中心议题的确定要遵循"议大事,办实事"的原则,广泛听取教职工的意见,经大会主席团审议后提请大会讨论通过。

第二十三条 教职工代表大会进行选举或表决,必须由全体代表的半数以上通过后方为有效。

第二十四条 教职工代表大会如因特殊原因不能如期开会,必须报区教育局工会,并通过各工会小组组长向代表说明情况。

第二十五条 教代会每年六月底听取中层及以上干部述职,进行无记名满意度测评,测评结果提交校长,作为聘任干部的依据。

第二十六条 教职工代表大会选举产生学校工会委员会。教职工代表大会闭会期间,由工会行使教代会职权。

第二十七条 教代会实行报告制。教代会召开后的一周内,填写《教职工代表大会报告表》,报区教育局工会备案。

第二十八条 教代会在职权范围内决定的事项,非经教代会同意不得修改。

第二十九条 学校教代会工作考核与学校工作年度考核等结合进行。

第五章　附则

第三十条 本规则的修订须经三分之一以上教职工代表或校长办公会提议。修订后的制度须经三分之二以上(含)教职工代表通过,报校长办公会审议,党支部委员会审定批准后方可发布。

第三十一条 本规则如有未尽事宜,由教职工代表大会另行议定。

第三十二条 本规则由教职工代表大会负责解释。

第三十三条 本规则自印发之日起施行。

成都市龙江路小学中粮祥云分校

学术委员会议议事规则

为了探索学校课程与课堂改革,推动学校教育与教学科研工作,保障学术委员会在科研、教学等学术事务中有效发挥作用,根据《成都市龙江路小学中粮祥云分校学校章程》及有关法律法规制定本制度。

第一章 总则

第一条 成都市龙江路小学中粮祥云分校学术委员会(以下简称"校学术委员会")是学校教育教学科研学术事务的决策机构,统筹行使审议学校教科研发展规划和管理制度,评定教育、教学、科研成果,评议教师学术水平等职权,并对学校课程(专业)、师资队伍规划与建设提供咨询。

第二条 校学术委员会致力于在教育教学科研工作过程中倡导学术民主,弘扬学术道德,尊重学术规律,鼓励学术创新,促进学术发展和人才培养,提高学校教育教学质量与科学研究的水平,进而促进学校教育事业不断发展。

第二章 组成

第三条 校学术委员会应由学校具有学术威望的不同学科(专业)的骨干教师代表组成,必要时可以邀请校外专家参与。成员应在本学科(专业)教育教学及科研领域有一定成绩,委员构成应在学科(专业)和年龄分布上能够代表学校教育教学发展的总体布局。

第四条 委员总人数不少于 5 人,其中教师代表的比例,不得低于 50%;候选人由校长办公会提名,提交党支部委员会审定,达到 75% 以上赞成票方能通过。如遇特殊情况,需要个别增补、改选的,由校长办公会和学术委员会联合提名候选人,表决程序同上。

第五条 学校可根据发展需要,聘请校外专家或有关方面代表,担任校学术委员会的顾问或特邀委员,具体由学术委员会决定。

第六条 校学术委员会委员应当具备以下条件:

(一)遵纪守法,学风端正,公道正派;

(二)在学科教学和科研领域有良好的声誉与成绩;

(三)关心学校的建设和发展,有参与学术议事的意愿和能力,并能够正常履职。

第七条 校学术委员会委员经表决通过后需报学校科研部门确认,确认后由校长正式聘任。任期一般为 3 年,可连选连任。

第八条 校学术委员会设主席 1 名,负责主持校学术委员会日常工作。主席由学校党支部任命。委员会另设秘书 1 人,原则上由校教研室工作人员兼任。

第九条 校学术委员会委员在任期内有下列情形的,经校学术委员会全体会议讨论决定,可免除或同意其辞去委员职务:

(一)主动申请辞去委员职务的;

(二)因身体健康、校内职务变动等原因,连续半年以上不能履职,或半年内未参加一半以上学术委员会活动的;

(三)有违法违纪、违反教师职业道德或者学术不端行为的;

(四)任期内办理退(离)休手续或调离学校的;

(五)因其他原因不能或不宜担任委员职务的。

第三章 议事决策范围

第十条 审议学校重大教育教学改革,课程建设,教师职称(职务)初评方案,特级教师、市区学科带头人、骨干教师的推荐、教科研方案等;评定教学、教科研成果;调查、处理学术纠纷;调查、认定学术不端行为。

第十一条 校学术委员会作为教师职称(职务)初评委员会,负责教师职称初评,特级教师和市区学科带头人、骨干教师的推荐,教育教学质量优秀的评选、学校学术办公室的设立、管理和评价,科研项目的申请以及重大科研项目的招标。

第十二条 学术委员三年一个任期。

第十三条 为保证学校行政工作与学术工作的良好沟通,根据工作需要,学术委员会主席列席行政办公会议,学校分管人力资源工作的副校长列席学术委员会会议。

第四章 运行管理

第十四条 校学术委员会实行例会制度,每学期至少召开2次全体会议。根据工作需要,经主席提议,或三分之一以上委员提议,可以临时召开全体会议。平时的信息沟通或讨论可通过电子邮件、微信、短信等书面进行。全体会议或平时的讨论应做好记录,妥善保存工作档案。

第十五条 校学术委员会主席负责召集、主持校学术委员会会议,必要时,可委托其他成员召集和主持会议。校学术委员会委员的全体会议应由三分之二以上委员出席方可举行。校学术委员会议事决策实行少数服从多数的原则。

第十六条 校学术委员会审议决定或者评定的事项,一般应当以无记名投票方式作出决定;也可以根据事项性质,采取实名投票方式。如学术委员会审议或者评定的事项与委员本人及其配偶和直系亲属有关,或者具有利益关联的,相关委员应当回避。

第十七条 校学术委员会召开会议时,可以根据议题,设立旁听席,允许相关部门、教师及学生代表列席旁听。也可根据需要,邀请校外专家和有关代表参加讨论。

第十八条 校学术委员会应当建立年度报告制度,每年度对学校整体的学术水平、学科发展、人才培养质量等进行全面评价,并提出意见、建议;对校学术委员会的运行管理

及履行职责的情况进行总结,并提交教职工代表大会审议。

第五章 附则

第十九条 本规则的修订须经校学术委员会主席提议,或三分之一以上(含)学术委员会委员联名提议。修订后的制度须经三分之二以上(含)学术委员会委员通过,报校长办公会批准后方可发布。

第二十条 本规则如有未尽事宜,由校学术委员会另行议定。

第二十一条 本规则由校学术委员会负责解释。

第二十二条 本规则自印发之日起施行。

成都市龙江路小学中粮祥云分校

家长委员会议议事规则

为了构建学校教育、家庭教育、社会教育三位一体的教育网络，根据《成都市龙江路小学中粮祥云分校学校章程》及有关法律法规制定本制度。

第一章　总则

第一条　成都市龙江路小学中粮祥云分校家长委员会（以下简称"校家长委员会"），代表家长参与学校民主管理。校家长委员会应当支持和监督学校做好教育工作，对涉及学生切身利益的规章制度和事项等提出意见和建议。

第二条　学校应当定期听取校家长委员会意见和建议，并对未采纳的意见建议作出说明。学校应当为校家长委员会开展工作提供便利。

第二章　组成

第三条　校家长委员会成员通过学生家长自愿报名、民主推选等方式产生，学校校长办公会讨论，党支部委员会审定批准后，由学校发给聘书。校家长委员会由会长、副会长、常务理事、委员等组成，均由学生家长代表担任。

第四条　校家长委员会委员应当具备以下条件：

（一）作风正派，有一定的组织能力和素养；

（二）了解和关心教育，热心教育事业，懂得一定的教育规律，关心学校，能为学校、班级工作出主意、提意见。

（三）具有比较丰富的家庭教育经验，并有较好的教育效果。

（四）具有某方面特长，能协助学校、班级开展工作。

第五条　家长委员会委员在任期内有下列情形的，经家长委员会全体会议讨

论决定,可免除或同意其辞去委员职务:

(一)主动申请辞去委员职务的;

(二)因身体健康、工作变动等原因,连续半年以上不能履职,或半年内未参加一半以上家长委员会活动的;

(三)家长委员会委员任期内因学生毕业升学的;

(四)因其他原因不能或不宜担任委员职务的。

第三章 议事决策范围

第六条 校家长委员会代表全体家长向学校教育教学工作提出意愿与要求,为学校建设、管理等方面的工作提出合理化建议,为办高品质学校出谋划策。

第七条 定期来校了解教育教学工作情况,听取班主任的班级工作报告,并将学校教育目标、要求及教改动态及时传达给全体家长。

第八条 积极参加学校、班级的重大活动,如艺术节、运动会、学校教学开放日等。

第九条 协助安排有专业知识的家长或社会各界人士来学校给师生、家长作形势报告,开设科技、法制、文学、艺术等方面的专题讲座。

第十条 配合学校开展一些校外活动,并尽可能解决活动中的一些问题。

第十一条 确定学生征订校服的颜色、质量、款式和价格,为每一名学生统一服装。

第十二条 主动向社会各界宣传党和国家的教育方针、宣传学校的办学思想,以扩大学校知名度。

第四章 运行管理

第十三条 校家长委员会工作例会一般一学期召开一次,遇有特殊情况,经家长委员会会长或者三分之一(含)以上委员提议,可以召集临时会议。

第十四条 校家长委员会会长负责召集、主持校家长委员会会议,必要时,可委托其他成员召集和主持会议。校家长委员会委员的全体会议应由三分之二以上委员出席方可举行。校家长委员会议事决策实行少数服从多数的原则。

第十五条 校家长委员会委员任期等同于子女在校就读时间,一般在每学年初调整充实。

第五章　附则

第十六条 本规则的修订须经校家长委员会会长提议,或三分之一以上(含)校家长委员会委员联名提议。修订后的制度须经三分之二以上(含)校家长委员会委员通过,报校长办公会审议,党支部审定批准后方可发布。

第十七条 本规则如有未尽事宜,由家长委员会另行议定。

第十八条 本规则由校家长委员会负责解释。

第十九条 本规则自印发之日起施行。

成都市龙江路小学中粮祥云分校

校务委员会议议事规则

为了贯彻落实省市区各级政府关于深化教育领域综合改革的要求和部署,建立健全现代学校制度,进一步提高依法治校和民主管理水平。根据《成都市武侯区教育局推进现代学校制度的实施意见》(武府教〔2015〕33号)、《成都市龙江路小学中粮祥云分校学校章程》及有关法律法规制定本制度。

第一章 总则

第一条 成都市龙江路小学中粮祥云分校校务委员会是学校行政决策的咨询机构,是学校治理体制的重要组成部分,是家庭、社会参与学校管理,维护学生权益的有效途径,是现代学校制度下实行校长负责制的补充和完善。

第二条 校务委员会侧重于协调学校外部关系,要紧密联系学校和学生实际,结合家长、社会对教育的需求变化,应对学校管理中的矛盾,在国家法律、法规允许的范围内,发挥自身的职能作用。

第二章 组成

第三条 校务委员会由校长、学校行政、法律顾问、教师、家长和社区代表等人员组成。学校可以根据需要,邀请专家学者、学校法律顾问、社会知名人士或者杰出校友担任校务委员。

第四条 校务委员会设主任委员1名,由校长兼任,另外设秘书1名,一般由教师服务中心负责人兼任。

第五条 校务委员会委员中,学校行政一般指校长、副校长及其他学校行政干部;教师代表由教职工代表大会推选产生;家长代表由家长委员会推选产生;

社区代表、教育专家等由学校直接聘任产生。

第六条 校务委员任期一般为 3 年,可连选连任。在任期内有下列情形的,经校务委员会全体会议讨论决定,可免除或同意其辞去委员职务:

(一)主动申请辞去委员职务的;

(二)学校行政、教师代表委员在任期内办理退(离)休手续或调离学校的;

(三)家长代表委员在任期内因学生毕业升学的;

(四)社区代表因工作调离本社区的;

(五)因其他原因不能或不宜担任委员职务的。

第三章 议事决策范围

第七条 就学校章程拟定或者修订、学校发展目标及规划、年度预决算、重大教育教学改革举措等重大问题进行决策咨询或者参与审议。

第八条 参与审议学校开展教育合作、教育教学改革的整体方案及重要协议等,提出咨询建议,支持学校开展教育教学改革。

第九条 参与评议学校办学质量,就学校办学特色与教育质量进行评估,提出合理化建议或者意见。

第十条 校务委员会建立例会制度,每学期至少召开一次全体会议;也可召开专题会议,或者设立若干专门小组负责相关具体事务。

第十一条 校务委员会会议遵循民主协商的原则,建立健全会议程序和议事规则,保障各方面代表能够就会议议题充分讨论、自主发表意见,并以协商或者表决等方式形成共识。

第十二条 校务委员会秘书处设在教师服务中心,负责安排校务委员会会议,联系校务委员会成员,处理校务委员会的日常事务等。学校提供必要的经费保证校务委员会正常开展活动。

第四章 运行管理

第十三条 校务委员会委员应当主动了解学校教育教学实际及社会影响。根据校务委员会的安排进行专项调研,提出合理化建议和有代表性的议题,协调各方面关系,使学校工作得到社会各界的理解和支持,维护学校教师学生家长等各方面的切身利益。

第十四条 校务委员会工作例会一般一学期一次,遇有特殊情况,经校务委员会主任委员或者三分之一(含)以上委员提议,可以召集临时会议。校务委员会人数达到三分之二时方可举行校务会。

第十五条 校务委员会审议的议题由秘书提交校务委员会,对拟审议的议题应当将文稿至少提前三天印发到全体委员。校务委员会表决实行少数服从多数方式。表决采取无记名投票的方式。出席会议的校务委员半数以上赞成,表决事项方为通过。校务委员有表决权,列席人员无表决权。

第十六条 校务委员会例会在主任委员或者受主任委员委托的委员主持下召开。一般先由议题提交人对议题作简要说明,然后委员展开讨论,在广泛听取意见后,由主持人集中各方面意见,经集体表决作出决定。

第十七条 校务委员会委员需按时参加会议,遇到特殊情况不能参加时,要履行请假手续。必要时可以邀请议题相关人员列席会议。

第十八条 校务委员会讨论议题发生严重分歧时,一般应当暂缓作出决定,本着充分协商的原则,待进一步交换意见后,再安排讨论,必要时可以提请上级有关部门予以协调。

第五章 附则

第十九条 本制度的修订须经校务委员会主任委员提议,或三分之一以上(含)学术委员会委员联名提议。修订后的制度须经三分之二以上(含)校务委员会委员通过,报校长办公会审议,党支部委员会审定批准后方可发布。

第二十条 本制度如有未尽事宜,由校务委员会另行议定。

第二十一条 本制度由校务委员会负责解释。

第二十二条 本规则自印发之日起施行。

成都市龙江路小学中粮祥云分校

校长办公会议议事规则

一、总则

第一条 根据《中共中央办公厅印发〈关于建立中小学校党组织领导的校长负责制的意见(试行)〉的通知》等有关规定,制定本规则。

第二条 坚持党组织领导的校长负责制。校长是学校的法定代表人,在学校党支部领导下,全面贯彻党的教育方针,组织实施学校党支部委员会会议有关决议,依法依规行使职权,全面负责学校的教育教学和行政管理等工作。

第三条 校长办公会议是学校行政议事决策机构,坚持全面贯彻党的教育方针,坚持社会主义办学方向,落实立德树人根本任务,紧密围绕学校改革发展稳定,科学决策、民主决策、依法决策,推进学校教育教学和行政管理等工作。

二、议事决策范围

第四条 校长办公会议主要研究提出拟提交党支部委员会讨论决定的重要事项方案,具体部署落实党支部委员会会议决议的有关措施,研究决定教育教学、行政管理等工作。

第五条 下列重要事项应在党支部委员会会议讨论决定前由校长办公会议研究提议:

1. 学校章程、中长期规划、教师队伍建设、学生培养、校园建设等学校发展的重要工作规划和工作计划,学校教育教学、行政管理的重要改革措施和基本管理制度等;

2. 学校行政管理组织机构设置与调整方案,学术组织机构的设置与调整方案;

3. 学校人才工作规划、工作计划及政策措施,教师等人才培养、引进、使用、管理、服务和奖惩等重要事项;

4. 学校年度财务预算方案、决算情况的审定,2万元以上(含)的大额度支出和年度追加预算,重大捐赠,以及其他2万元以上(含)的大额度资金运作事项;

5. 学校重要资产处置、重要办学资源配置、无形资产授权使用方案;

6. 国家和地方各类重点建设项目,国内国(境)外交流与合作重要项目、重要设备和大宗物资采购或购买服务、重大基本建设和2万元以上(含)的大额度基建修缮项目等学校重大项目的设立和安排方案;

7. 学校教育教学评价、审议、评定工作中的重要事项;

8. 区(市)县级及以上表彰推荐、校级评优选先等重大表彰表扬事项;

9. 校园文化建设和校风教风学风建设的重要事项;

10. 教职工薪酬体系、收入分配及福利待遇、奖励、惩处和其他事关师生员工切身利益的重要事项;

11. 校长认为需要提交党支部委员会会议讨论决定的其他事项;

12. 党支部委员会认为需要先由校长办公会审议的事项。

第六条 校长办公会议讨论决定的事项:

1. 贯彻落实党的教育工作方针政策以及上级部门决策部署,加强教育教学、行政管理的工作措施;

2. 执行学校党支部委员会会议决定或决议事项的实施方案和重要措施;

3. 学校教育教学、行政管理等具体规章制度和年度工作计划;

4. 组织教学活动和教育教学研究,开展教育教学管理的重要事项;

5. 学校人才培养方案制定与修订,课程体系建设和调整,教材编审,年度招生和学生毕业等重要事项;

6. 学校教研科研项目设立、经费管理、成果申报奖励等重要事项;

7. 教师以及内部其他工作人员的聘任与解聘、政纪处分等事项;

8. 学生学籍管理、奖励及违规处理等重要事项;

9. 学校年度财务预算方案的执行,2万元以上(含)的大额度支出和年度追加预算的执行,2万元以上(含)的大额度资金调动、使用和运作的具体安排,以及财务管理与监督审计的重要事项;

10. 学校重大建设项目的组织实施、重要资产处置、重要办学资源配置,学校资产的管理和保护中的重要事项；

11. 学校安全稳定和后勤保障工作的重要事项；

12. 学校对外交流与合作项目实施,加强与社会、家庭联系的重要事项；

13. 学校工会、共青团、妇女组织、少先队和教职工大会（教职工代表大会）等有关行政工作提案、意见办理事项；

14. 其他事关学校事业发展、师生员工切身利益的重要行政事项；

15. 按规定需要由校长办公会议审议的其他事项。

三、议事决策原则和程序

第七条 校长办公会议由校长召集并主持。一般每周召开一次,遇有重要情况经校长同意可以随时召开。校长不能参加会议的,可以委托副校长召集并主持。

第八条 校长办公会议出席成员为校长、副校长及其他学校行政干部等学校行政班子成员。会议必须有半数以上成员到会方能召开。会议成员因故不能出席时,应当在会期前向校长请假。党支部班子成员可参加会议。议题相关部门负责人可以列席会议,涉及师生员工切身利益的重大议题,可以邀请教职员工代表列席。

第九条 校长办公会议议题由学校领导班子成员提出,校长确定。重要议题校长应当在会前听取学校党支部书记意见,意见不一致的议题应暂缓上会。集体决定重大事项前,学校党支部书记、校长和有关领导班子成员要个别酝酿、充分沟通。

第十条 校长办公会议应当健全决策咨询机制,对拟研究讨论的重要事项,议题相关部门应深入开展调查研究,充分听取各方面意见,进行合法合规性审查和风险评估。对专业性、技术性较强的重要事项,应当经过专家评估及技术、政策、法律咨询。对事关师生员工切身利益的重要事项,应当通过教职工大会（教职工代表大会）或其他方式,广泛听取师生员工的意见建议。

第十一条 校长办公会议议题实行一事一议制度。同一议题涉及两名以上学校领导班子成员分工负责的,应提前在相关同志之间沟通酝酿,一般形成一致意见后提出。上会研究的议题,若相关学校领导班子成员因故缺席,应提前听取意见。会议按照既定议程逐项进行,无特殊情况或未经校长同意,一般不临时动议议题。

第十二条 校长办公会议研究讨论议题时,出席会议人员应当充分讨论,对决策建议明确表示同意、不同意或缓议的意见,并说明理由,未到会班子成员的意见可以书面形式表达,校长应当最后表态。

第十三条 校长办公会议研究讨论议题时,校长应当广泛听取与会人员意见建议,在此基础上对研究讨论的事项作出决定。如对重要问题发生较大意见分歧,一般应当暂缓作出决定。

第十四条 紧急情况下不能及时提交校长办公会议研究讨论的事项,可由校长与分管校领导共同商议临机处置,事后应当及时向校长办公会会议通报。在临机处置前,校长应主动与党支部书记进行沟通。

第十五条 校长办公会议审议议题涉及与会人员本人及其亲属的,本人必须回避。

第十六条 校长办公会议作出的决定,均应如实记录,形成会议纪要。适合公开的应当依据有关规定及时公开。对需保密的会议内容和尚未正式公布的会议决定,参会人员应当遵守保密规定。

四、议定事项执行与监督

第十七条 校长办公会议讨论决定的事项,由学校分管领导或相关部门负责组织实施。执行情况应及时向校长或校长办公会议汇报。明确由相关部门负责的,由学校协同中心负责传达和督促检查。学校应当建立有效的督查、评估和反馈机制,确保决策落实。

第十八条 校长办公会议讨论决定的事项,学校各部门和个人应当及时执行;对执行不力的,应当依照有关规定问责追责;决策执行过程中需作重大调整的,应当提交校长办公会议决定;需要复议的,按第九条规定重新提交议题。

五、附则

第十九条 本规则由学校校长办公会议负责解释,具体工作由学校协同中心承担。

第二十条 本规则自印发之日起施行。

成都市龙江路小学中粮祥云分校

项目管理制度

为加快推进现代学校制度建设,推动学校教育教学综合改革,学校将部分工作实行项目管理制,把学校课改任务、校园文化建设、主题活动等按照项目分包到人、责任到人。既促进了教师专业成长,又实现了学校的协同治理。根据《成都市龙江路小学中粮祥云分校学校章程》制定本制度。

第一条 实行项目管理的项目分类如下:

(一)临时项目:各中心根据学校建设情况上报校长办公会商讨,由协同发展中心拟定、发布、招标。

(二)常规项目:校长办公会建议,各中心提出、讨论,所属中心拟定申报项目,由校长办公会商讨,协同中心拟定、发布、招标。

(三)重大项目:学校指定个人或者团队专项实施。

第二条 实行项目管理的项目实施程序是:引导教师主动参与学校改革与建设中,提出有建设性的思路、措施、申报完成具体项目,推进学校各项工作的特色建设。

(一)项目产生:重要项目经校长办公会提出,各中心初步拟定,由协同中心汇总拟定,校长办公会审核通过后进行项目发布招标。

(二)项目发布:协同中心通过公示栏、校园网、校园 QQ 群、教职工大会等发布项目,公开招标。

(三)项目申报:教师可以个人申报、也可多人组团申报学校发布的项目,特殊项目由学校引导适合的教师组团申报。除了学校重点项目以外,教师也可以申报自己拟定的项目(需递交项目计划书)。

(四)项目投标:协同中心根据项目申报情况组织项目投标及项目实施会议,

2人或2个团队以上申报项目,采取比选竞标方式。

(五)评审立项:确定实施项目个人或团队后,学校组织相关专家审批,经费确定根据项目难度、工作量,一项一议。通过后拨项目专项经费。

(六)项目开展:项目组定时、定点、定人开展活动。由牵头部门负责过程管理。

(七)项目验收:根据项目完成的质量商议具体奖励比例,对项目完成不到位的团队或个人,限期限整,或者撤销项目、重新招标。

第三条 项目管理及奖励机制:临时项目由协同中心过程管理和监督,保证实施效果。常规项目由各所属中心考核、监督、管理,保证项目的稳定、有序。

(一)临时项目:学校组织相关专家审批,根据项目难度、工作量,一项一议确定经费。通过后拨项目专项经费,项目验收合格给予适当项目奖金。

(二)常规项目:校长办公会根据项目的难度、工作量一项一议,每个月或者每个阶段给予固定专项奖金。

(四)每个项目验收合格,展板公示项目明星教师,教职工会议进行专门项目颁奖仪式,颁发实施项目荣誉证书和项目奖金。

(五)项目奖励实行:阶段性奖励和期末或年底终结性奖励。

第四条 本制度的修订须经校长办公会提议。修订后的制度须经教职工代表大会审定后通过。

第五条 本制度由校长办公会负责解释。

第六条 本制度自印发之日起施行。

后 记

传统学校是典型的金字塔结构，层级非常多，学校管理效能非常低。而现代学校建设则需要压缩学校的管理层级，从"学校管理"走向"学校治理"。相对学校管理而言，学校治理更强调主体的多元性、参与性、协同性，从控制走向协调，从封闭走向开放，引导学校、教师、学生、社区、家庭等主体共同参与学校治理，构建多元化的治理体系，形成齐抓共治的局面与体系。

龙江路小学中粮祥云分校在学校治理机制的建构过程中，开展了长期的探索实践。作为一所传统管理体制的新建校，建校伊始，学校原有的制度给学校发展带来了桎梏。一是旧的制度影响改革推进，传统管理体制下学校办学自主权受限。二是教师认同度和行动力不足。三是家校矛盾突出，学生成长发展受影响。学校迫切需要在较短的时间内完成办学品质的提升，尽快建立让家长和社会满意的现代化高品质的学校。因此，学校亟须推进治理体系和治理能力现代化，摒弃原有管理体系中不适宜现代学校制度的要素，实现传统管理体系的变革和重构，实现从管理到治理的转变。

为此，学校紧紧抓住"两自一包"改革的重要契机，通过重建组织结构、重构教师思想、激发教师动力、注重人文关怀等方面，逐步形成现代学校制度文化。经过近些年的协同治理机制创新改革，学校在教学质量、教师发展、学校文化建设等方面取得了显著成效，内部活力明显增强，提高了教职工的参与感、满足感和幸福感，学生、家长满意度和社会认可度逐年提高，学校先后被评为"党建标准示范学校""成都市现代学校制度建设试点学校""成都市文明校园""成都市阳光体育示范校""武侯区智慧校园试点学校"等。除了龙小祥云分校，黄成凤名校长工作室的其他成员学校也基于现代学校治理机制建构开展了成功的探索。相信在未来，学校治理机制的建构必将不断推进教育现代化进程，推进现代学校制度建设，激发教师教书育人的积极性和创造性，形成师生才智充分涌流、学校办学活力持续迸发的良好局面。

为了固化和推广以龙小祥云分校为代表的各工作室成员学校在现代学校治理机制建构的探索历程中形成的典型经验与案例，我们决定以黄成凤名校长工作室的名义编写和出版《协同共生——治理体系现代化校本实践》。在此感谢参与和支持图书编撰工作的各位专家领导的悉心指导，感谢参与此次编写的各位教师的辛苦付出，得益于你们的共同努力，这本书才得以顺利出版。

由于编写工作时间紧、内容多，加之水平有限，在编写过程中难免有疏漏，敬请各位专家、同行批评指正。

本书编委会

2022 年 8 月